贵州财经大学2021年引进人才科研启动项目（2021YJ0

U0582882

中国西部地区
供给侧结构性改革研究

谌亭颖 著

ZHONGGUO XIBU DIQU
GONGJICE JIEGOUXING GAIGE YANJIU

经济管理出版社
ECONOMY & MANAGEMENT PUBLISHING HOUSE

图书在版编目（CIP）数据

中国西部地区供给侧结构性改革研究/谌亭颖著.—北京：经济管理出版社，2022.9
ISBN 978-7-5096-8698-0

Ⅰ.①中…　Ⅱ.①谌…　Ⅲ.①区域经济—经济改革—研究—西北地区 ②区域经济—经济改革—研究—西南地区　Ⅳ.①F127

中国版本图书馆 CIP 数据核字（2022）第 165124 号

组稿编辑：任爱清
责任编辑：任爱清
责任印制：黄章平
责任校对：王淑卿

出版发行：经济管理出版社
　　　　　（北京市海淀区北蜂窝 8 号中雅大厦 A 座 11 层　　100038）
网　　　址：www.E-mp.com.cn
电　　　话：（010）51915602
印　　　刷：北京晨旭印刷厂
经　　　销：新华书店
开　　　本：720mm×1000mm/16
印　　　张：11
字　　　数：167 千字
版　　　次：2022 年 10 月第 1 版　　2022 年 10 月第 1 次印刷
书　　　号：ISBN 978-7-5096-8698-0
定　　　价：78.00 元

前　言

中国的 GDP 从增速的高点 2010 年第一季度的 12.2% 开始波动下行，持续时间已有 9 年之久，经济运行呈现出不同以往的形态和特征，其中供给和需求不匹配的矛盾日益突出，具体表现在以下三点：一是低端产业产能供给过剩；二是中高端产业产能供给不足；三是体制机制改革滞后。为应对这种不匹配，迫切需要推进供给侧结构性改革，通过供给侧结构性改革，触发微观经济主体的动力、激发其活力，矫正供需结构错配和要素配置扭曲，减少低端产业产品供给，扩大中高端产业产品供给，促进要素流动和优化配置，实现更高水平的供需平衡。此外，习近平总书记在党的十九大报告中指出，我国社会主要矛盾已经转化为人民日益增长的美好生活需要和不平衡不充分的发展之间的矛盾。这一重要论断就更加强化了供给侧结构性改革的价值所在。

本书基于全国供给侧结构性改革的大背景，以西部地区为实践考察对象，运用分工理论，基于经济学的四个基本问题"生产什么、怎样生产、生产多少、为谁生产"，首先，从劳动专业化、专业多样化、生产迂回化和经济组织化四个方面阐明了分工与供给侧结构性改革的内在关系。其次，构建了基于分工潜力理论的供给侧结构性改革分析框架，并指出有效需求的实现、生产力水平的提高都必须依赖分工潜力的扩大，即投资是否有利于劳动分工的专业化、多样化、迂回化和组织化，使劳动力、资本、技术和制度都能够有效增加、有效供给。另外，政府可以从生产秩序和交易秩序的供给方面去影响分工的四个方面。由于已有研究还没有揭示供给侧结构性改革演进及其经济效应的正式数理模型，继而本书进一步构建供给侧结构性改革演进的理论模型，同时进行了超边际分析和一般均衡比较静态分析，来探讨供给侧结构性改革的演化机制及其对经济增长的作用。最后，本书将使用西部地区地级市多年的面板数据来进行实证检验。为此，本书富含理论意义和现实意义。

研究发现以下八个问题：①在最低生存条件和损耗系数约束下，自给自足的最优产出水平不会超越温饱水平，因此，要超越温饱，迈向共同富裕，深化分工是必由之路和必要条件。②生产力水平的提高必须依赖扩大分工潜力的投资，即投资是否有利于劳动分工的专业化、多样化、迂回化和组织化，使劳动力、资本、技术和制度都能够有效增加、有效供给。并且在上述任何一个环节、方面的改善都将促进经济增长，政府则可以通过提供良好的生产秩序服务与交易秩序服务来进行供给侧结构性改革。③当粮食、衣服和秩序服务生产的专业化经济程度以及市场交易效率足够高时，只包含生产秩序服务的自给自足结构将会演进到同时包含生产秩序服务和交易秩序服务的完全分工结构，该经济体的专业化水平和多样化水平将同时提高，进而消费者—生产者的效用得以提升，最终将实现基于劳动专业化和专业多样化的帕累托改进。④当资本品生产的专业化经济程度和市场交易效率足够高时，经济体会演进到同时包含生产秩序服务和交易秩序服务，且内生迂回生产的完全分工结构，专业化提供资本品的部门会从分工中衍生出现，并且该经济体的生产迂回化水平和经济组织化水平将同时提高，进而消费者—生产者的效用得以提升，最终实现基于迂回化和组织化的帕累托改进。⑤西部地区专业化与经济增长呈倒U型关系，即在到达临界值之前专业化水平的提高将有利于促进经济增长，当专业化水平超过临界值之后，对经济增长的促进作用将有所降低；此外，分城市规模来看，西部地区中等城市和大城市的专业化与经济增长存在着倒U型关系，小城市的专业化水平对经济增长有着显著的促进作用。⑥西部地区多样化与经济增长呈U型关系，即西部城市发展多样化一开始对经济增长会产生负向影响，只有达到一定程度时才会对经济增长产生正向影响；此外，分区域来看，西北地区多样化与经济增长呈U型关系，西南地区多样化与经济增长不存在非线性关系；分城市规模来看，西部地区大城市的多样化与经济增长存在着 U 型关系，中小城市的多样化水平与经济增长不存在显著的非线性关系。⑦西部地区固定资产投资对经济增长有显著的促进作用；此外，分区域来看，不管是西南地区还是西北地区，抑或是不同规模的城市，固定资产投资对经济增长的促进作用都很显著，但促进作用随着地区经济发达程度的增加而减小。⑧西部地区市场化水平的提高对经济增长有显著的促进作用；此外，分区域来看，不管是西南地区还是西北地区，抑或是不同规模的城市，市场化总体水平对经济增长的促进作用都很显著。

本书的研究结论富含政策含义，为中国相关政府部门制定供给侧结构性改革相关政策提供了理论依据和实证依据。首先，西部地区供给侧结构性改革要以提高分工潜力为出发点，而要提高分工潜力则需从劳动专业化、专业多样化、生产迂回化和经济组织化四个方面入手。其次，西部地区供给侧结构性改革要以降低交易成本为核心。政府可以通过提供良好的生产秩序服务和交易秩序服务来持续降低交易成本。尽管我国在经济发展上走在世界前列，但是交易成本还有很大的下降空间，这就需要一方面加强互联互通的基础设施建设，降低外生交易成本；另一方面通过深化改革，降低制度性内生交易成本。最后，西部地区供给侧结构性改革要注重因城施策。城市供给侧结构性改革政策的选择（即劳动专业化、专业多样化、生产迂回化和经济组织化）应与城市真实经济需要相一致。

谌亭颖

2022 年 3 月 16 日

目　录

第一章　绪论 …………………………………………………………………… 1

第一节　研究背景 …………………………………………………………… 1

一、全国供给侧结构性改革的背景 …………………………………… 1

二、西部地区产业结构演变与供给侧结构性改革的必要性 ………… 2

第二节　研究思路与研究意义 ……………………………………………… 3

第三节　研究方法 …………………………………………………………… 4

第四节　研究内容与基本框架 ……………………………………………… 6

第五节　创新之处 …………………………………………………………… 8

第六节　本章小结 …………………………………………………………… 9

第二章　文献综述与理论框架 ………………………………………………… 10

第一节　文献回顾及述评 …………………………………………………… 10

一、关于供给侧结构性改革的研究 …………………………………… 11

二、关于产业结构优化方面的研究 …………………………………… 14

三、关于经济高质量发展方面的研究 ………………………………… 21

四、供给侧结构性改革、产业结构优化与经济增长质量的研究 …… 28

五、文献述评 …………………………………………………………… 33

第二节　分工潜力与供给侧结构性改革的理论分析框架 ·············· 34

　　一、斯密—杨格定理与理论基准 ·········· 34

　　二、分工潜力与供给侧结构性改革的内在关系 ·········· 37

　　三、基于分工潜力的供给侧结构性改革分析框架 ········· 41

第三节　本章小结 ············· 43

第三章　分工潜力与供给侧结构性改革：理论模型与超边际均衡分析 ········· 45

第一节　新兴古典经济学与新古典经济学的比较 ········· 45

　　一、消费者与生产者的身份 ·········· 46

　　二、市场交易成本 ·········· 47

　　三、规模报酬 ·········· 48

第二节　模型构建与超边际一般均衡分析 ········· 51

　　一、直观描述 ·········· 51

　　二、理论模型 ·········· 53

　　三、角点均衡信息与一般均衡分析 ·········· 57

第三节　本章小结 ············· 69

第四章　西部地区劳动专业化与经济增长 ············· 70

第一节　劳动专业化与经济增长的机理分析 ············· 70

第二节　西部地区劳动专业化水平的现状分析 ············· 72

　　一、劳动专业化指标的测度 ············· 72

　　二、西部地区专业化水平特征分析 ············· 73

第三节　劳动专业化对西部城市经济增长影响的实证检验 ············· 78

　　一、模型构建 ············· 78

　　二、变量说明及数据来源 ············· 79

　　三、总体回归结果分析 ············· 81

　　四、分区域检验劳动专业化对经济增长的影响 ············· 82

　　五、分城市规模检验劳动专业化对经济增长的影响 ……………… 84

　第四节　本章小结 ……………………………………………………… 86

第五章　西部地区专业多样化与经济增长 ……………………………… 87

　第一节　专业多样化影响经济增长的机理分析 …………………… 87

　第二节　西部地区专业多样化水平的现状分析 …………………… 88

　　一、专业多样化指标的测量 ……………………………………… 88

　　二、西部地区专业多样化水平特征分析 ………………………… 89

　第三节　多样化对西部城市经济增长的实证检验 ……………… 93

　　一、模型设定 ……………………………………………………… 93

　　二、变量说明与数据来源 ………………………………………… 94

　　三、总体回归结果分析 …………………………………………… 95

　　四、分区域检验多样化对经济增长的影响 …………………… 96

　　五、分城市规模检验多样化对经济增长的影响 ……………… 98

　第四节　本章小结 ……………………………………………………… 99

第六章　西部地区生产迂回化与经济增长 ……………………………… 101

　第一节　生产迂回化影响经济增长的机理分析 ………………… 101

　第二节　生产迂回化和经济增长的现状分析 …………………… 102

　　一、西部地区固定资产投资规模与经济增长演变历程 ……… 102

　　二、西部地区固定资产投资的区域分布现状 ………………… 104

　第三节　实证检验 …………………………………………………… 107

　　一、变量选取 ……………………………………………………… 107

　　二、模型构建 ……………………………………………………… 108

　　三、总体回归结果分析 …………………………………………… 109

　　四、生产迂回化对经济增长的异质性影响 …………………… 111

　　五、稳健性检验 …………………………………………………… 112

第四节 本章小结 …………………………………………… 113

第七章 西部地区经济组织化与经济增长 ………………… 115

第一节 经济组织化影响经济增长的机理分析 …………… 115

第二节 西部地区经济组织化的现状分析 ………………… 116

一、西部地区经济组织化的时间演变分析 …………… 117

二、西部地区市场化程度的空间格局分析 …………… 120

第三节 西部地区经济组织化对经济增长的实证检验 …… 124

一、变量的选取与数据来源 …………………………… 124

二、模型构建 …………………………………………… 125

三、实证分析 …………………………………………… 127

四、西部地区经济组织化对经济增长的门槛效应检验 … 135

第四节 本章小结 …………………………………………… 139

第八章 研究结论与政策建议 ……………………………… 141

第一节 研究结论 …………………………………………… 141

第二节 政策建议 …………………………………………… 143

参考文献 ……………………………………………………… 146

后 记 ………………………………………………………… 165

第一章 绪论

第一节 研究背景

一、全国供给侧结构性改革的背景

自 2010 年第一季度以来，中国的 GDP 增速由高位的 12.2%开始呈波动下行趋势，持续时间长达 10 年之久，与之前相比，此次经济下行呈现出不同的特征与形态，其中最突出的便是需求和供给的不匹配，具体表现为以下三点：一是低端产业产能供给过剩，二是中高端产业产能供给不足，三是体制机制改革滞后（《人民日报》，2016）。简言之，中国经济的结构性分化趋势越来越明显。为应对这种变化，迫切需要持续深入地推进供给侧结构性改革，从源头提升供给质量，促进生产要素优化配置，化解低端产业产能过剩状况，扩大中高端产品有效供给，同时还要与需求侧管理相结合，从需求侧稳定市场需求，从供给侧拓展发展空间，从而纠正供需结构错配体系，实现供需平衡由低水平向高水平的跃升。

同时，国际分工格局的调整重塑，必然会带来跨境资本、资源、产业布局的竞争性博弈，各国为争取更有利的分工地位，纷纷放眼于结构性调整上，因此对

· 1 ·

中国来说，打造国际竞争新优势的关键就在于加快结构性改革进程，这就要求必须从供给侧发力，争取更有利的国际分工地位。此外，习近平总书记在党的十九大报告中指出，我国社会主要矛盾已经转化为人民日益增长的美好生活需要和不平衡不充分的发展之间的矛盾，以及我国经济已由高速增长阶段转向高质量发展阶段这两个重大政治论断，给予了供给侧结构性改革更高的期许与要求，也赋予了其更重要的意义。深化供给侧结构性改革，推动经济高质量发展，是解决发展不平衡不充分问题的关键所在，也是满足人民日益增长的美好生活需要的重要途径。

二、西部地区产业结构演变与供给侧结构性改革的必要性

中国西部地区包括陕西省、四川省、重庆市、云南省、贵州省、甘肃省、青海省、广西壮族自治区、宁夏回族自治区、西藏自治区、新疆维吾尔自治区、内蒙古自治区12个省、自治区和直辖市。截至2018年底，土地面积678.1589万平方千米，占全国总面积的70.6%；人口为3.795587亿，占全国总人口的27.2%。西部地区疆域辽阔，除四川盆地和关中平原外，绝大部分地区是我国经济欠发达、需要加强开发的地区。四川盆地的成都、重庆均位列全国10大城市。关中平原的西安位列前20。西部地区是我国矿产资源、土地资源、水能资源等丰富的地区，这是西部形成特色经济和优势产业的重要基础，但又成为了西部地区产业结构单一、滞后的"诅咒"。

已有研究普遍认为，产业结构依托于当地资源禀赋与技术创新要素而形成，良性发展的产业结构将会持续推动经济体的可持续发展。不同的产业结构及其调整方案，会使地区形成不同的资源配置能力，进而形成不同的经济梯队。虽然发达地区各有其优势之处，但落后地区一般都有类似的落后的产业结构。因此，识别西部地区的产业结构特征，对推动中国西部地区的供给侧结构性改革大有裨益。目前，西部地区的第一、第二、第三产业产值均增长较快，区域经济发展成效较好。其中，第一产业占GDP比重不断降低，第二和第三产业产值占GDP比重逐步提高，这说明西部地区产业结构调整取得了一定的成效；但第二产业的提升以建筑业为主，第三产业的提升以传统的服务业为主，相对于东部和中部地区来说，产业结构层次还比较低，各产业发展在市场上还较为缺乏核心竞争力。

具体而言，西部地区产业结构存在的问题突出表现在以下四点：一是西部地区产业结构层次较低，且产业演进升级缓慢；二是西部地区产业专业化水平和多样化水平均较低，缺乏优势产业项目；三是西部地区各个产业链接性较差，没有形成合适的产业生态圈；四是西部地区产业产品结构和需求结构严重不匹配。因而，西部地区要想实现经济的赶超，首要的是进行区域内部的产业结构转型升级，而产业结构转型升级的关键则在于供给侧结构性改革。因此，供给侧结构性改革是西部地区寻求经济发展的必然选择。而西部地区供给侧结构性改革包含劳动力、土地、资本和技术四大维度，又可分为产业、要素、制度三大方面。本书主要聚焦于供给侧结构性改革下的产业结构选择问题。

第二节 研究思路与研究意义

本书基于全国供给侧结构性改革的大背景，以改革典型范例西部地区为切入点，结合西部地区供给侧结构性改革的现状及其产业结构的演变，参照新古典及新兴古典关于分工经济学的研究，基于供给侧结构性改革的四个基本问题——"生产多少、生产什么、怎样生产、为谁生产"，首先，基于劳动专业化、专业多样化、生产迂回化和经济组织化四个视角探讨分工与供给侧结构性改革的内在关系。其次，构建了基于分工潜力理论的供给侧结构性改革分析框架，并指出有效需求的实现、生产力水平的提高都必须依赖分工潜力的投资，即投资是否有利于劳动分工的专业化、多样化、迂回化和组织化，使劳动力、资本、技术和制度都能够有效增加、有效供给。再次，政府可以从生产秩序和交易秩序的供给方面去影响劳动专业化、专业多样化、生产迂回化和经济组织化。由于已有研究还没有揭示供给侧结构性改革演进及其经济效应的正式数理模型，继而本书进一步构建供给侧结构性改革演进的理论模型，同时通过超边际分析和一般均衡比较静态分析，来探讨供给侧结构性改革的演化机制及其对经济增长的作用。最后，本书将使用西部地区多个地级市多年的面板数据来进行实证检验。为此，本书富含理论和现实意义，具体有以下四个方面：

（1）本书系统地、从多个维度梳理并扩展了已有的关于供给侧结构性改革的相关研究，有利于较为完整地呈现供给侧结构性改革的研究脉络。

（2）本书从劳动专业化、专业多样化、生产迂回化和经济组织化四个方面阐明了分工与供给侧结构性改革的内在关系，并构建了基于分工潜力理论的供给侧结构性改革分析框架，扩展了供给侧结构性改革的研究视角。

（3）本书从模型构建、命题提出和计量检验的维度深入剖析了供给侧结构性改革的演化机制及其对经济增长的作用，丰富了供给侧结构性改革的研究内容。

（4）本书的研究成果将为中国相关政府部门制定供给侧结构性改革相关政策提供理论和实证依据。

第三节　研究方法

基于上述研究思路与意义，本书选取的研究方法有以下四个：

（1）文献回顾法与研究梳理法相结合。本书将广泛搜集国内外与分工潜力及供给侧结构性改革有关的文献，包括公开出版的国内外核心期刊、书籍、论文集等，并对相关文献进行回顾分析和梳理，研究经济学和管理学视角下的供给侧结构性改革的四个基本问题——"生产多少、生产什么、怎样生产、为谁生产"与分工的关系、基于分工潜力理论的供给侧结构性改革分析框架的构建等。

（2）超边际分析法。超边际分析法是杨小凯教授创造的，主要用于分析新兴古典经济学中的分工问题，通过经济数学对亚当·斯密的分工思想进行了更加精确的解释。所谓超边际分析法，主要是针对所有角点均进行边际分析，进而分析角点间的总效益与总费用问题，最终得到最优决策的角点解。此方法认为个人选择专业化模式与水平的决策是内生的，基于此视角将以新古典经济学为核心的各种独立的经济学理论进行了重塑整合，目前属于经济学领域中较为前沿的研究方法。超边际分析方法存在三个步骤：一是基于最优模式定理将无法成为最优决策的角点解予以剔除；二是对遗留下来的角点解进行边际分析，继而得出局部最优解；三是对各个局部最优解进行对比分析得出整体的最优解，即为一般均衡最优解。综上所述，超边际分析法并不是将边际分析摒弃，而是将其囊括在分析方法之内，在本质上超越一般的边际分析方法。在新兴古典经济学的基本假定中，个人是消费者的同时也是生产者，因此通过超边际分析，使其不仅可以选择消费多种产品，更可超边际选择专业生产什么产品。本书将应用此方法来分析探讨供给侧结构性改革的演化机制。

（3）比较静态分析法。比较静态分析法是指改变某一参数后，通过比较新均衡状态与原均衡状态的状况以分析某项因素的变化对均衡所产生影响的方法。

（4）经济计量分析法。经济计量分析法主要是采用定量的方法来对经济现象进行分析。它主要是采用各种统计方法进而对经济变量之间存在的关系进行估计与探讨。它主要包括四个基本步骤，即设定理论模型、收集样本资料、估计模型参数与模型的检验。经济计量分析法有两个特征：一是在研究中将随机因素也囊括在内，使结论通常存在一定的概率性；二是此方法通过使用观察资料来检验理论模型，将理论与实践相结合。本书将使用西部地区多个地级市多年的面板数据，基于此方法来验证劳动专业化、专业多样化、生产迂回化和经济组织化四个方面对西部地区经济增长的作用机理。

第四节　研究内容与基本框架

基于上述研究思路、研究意义与研究方法，结合西部地区供给侧结构性改革的现状，参照已有的关于分工潜力及供给侧结构性改革的相关理论，本书的具体研究内容如下：

第一章为绪论。本章首先将基于全国供给侧结构性改革的时代背景，以改革典型范例西部地区为切入点，结合西部地区供给侧结构性改革的现状及其产业结构的演变，来剖析本书的研究思路及意义，并分别从产业结构优化、经济高质量发展等方面对供给侧结构性改革的相关研究来进行归纳总结；其次简要概述本书的研究内容，最后介绍了本书存在的可能的创新点。

第二章为文献综述与理论框架。本章首先系统地介绍了关于供给侧结构性改革、产业结构优化与经济高质量发展的研究。其次，构建分工潜力与供给侧结构性改革的理论分析框架，本书将基于斯密定理和斯密—杨格定理，并参照向国成、谌亭颖和钟世虎等（2017）的研究，先给出分工演进的理论基准：自给自足的最优产出不会超越温饱水平。然后参照新古典及新兴古典关于分工经济学的研究，基于供给侧结构性改革的四个基本问题——"生产多少、生产什么、怎样生产、为谁生产"，从劳动专业化、专业多样化、生产迂回化和经济组织化四个视角厘清分工与供给侧结构性改革的内在关系。最后，构建了基于分工潜力理论的供给侧结构性改革分析框架。

第三章为分工潜力与供给侧结构性改革：理论模型与超边际均衡分析。本章首先比较新兴古典经济学与新古典经济学在研究对象、研究方法和研究范式上的差异。其次进一步构建供给侧结构性改革演进的理论模型，同时进行超边际分析和一般均衡比较静态分析，来探讨供给侧结构性改革的演化机制及其对经济增长的作用。

第四章为西部地区劳动专业化与经济增长。本章首先探讨了专业化推动经济增长的机制。其次进一步选用克鲁格曼专业化指数来衡量西部各个地区的专业化水平，同时对西部地区专业化水平特征及其空间分布进行可视化分析。最后基于西部地区专业化指数，结合城市层面的经济特征变量，运用面板数据回归模型考察西部地区专业化水平对经济增长的影响。

第五章为西部地区专业多样化与经济增长。本章首先探讨了专业多样化促进经济增长的机制。其次进一步采用赫芬达尔多样化指数来测度西部各个地区的多样化水平，同时对西部地区多样化水平特征及其空间分布进行可视化分析。最后基于西部地区多样化指数，结合城市层面的经济特征变量，运用面板数据回归模型考察西部地区多样化水平对经济增长的影响。

第六章为西部地区生产迂回化与经济增长。本章首先探讨了生产迂回化推动经济增长的机制。其次进一步选用固定资产投资来衡量西部各个地区的生产迂回化水平，同时对西部地区生产迂回化水平特征及其空间分布进行可视化分析。最后基于西部地区生产迂回化，结合城市层面的经济特征变量，运用面板数据回归模型考察西部地区生产迂回化对经济增长的影响。

第七章为西部地区经济组织化与经济增长。本章首先探讨了经济组织化促进经济增长的机制。其次进一步采用市场化指数来测度西部各个地区的经济组织化程度，同时对西部地区经济组织化水平特征及其空间分布进行可视化分析。最后基于西部地区经济组织化水平，结合城市层面的经济特征变量，运用面板数据回归模型考察西部地区经济组织化对经济增长的影响。

第八章为研究结论与政策建议。基于前文章节的理论分析和实证分析，本章将对全书的研究结论进行概括，并明确结论的政策含义，提出针对性的建议。本书的研究思路框架如图1-1所示。

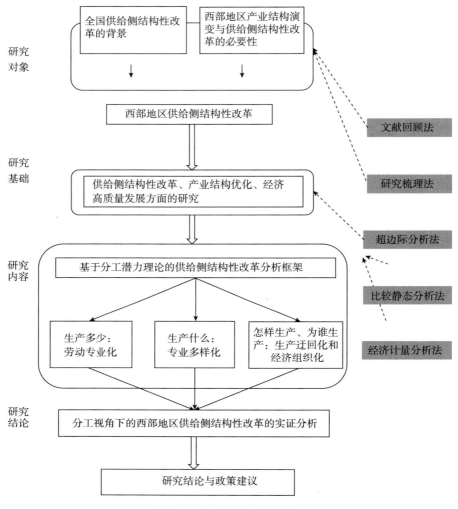

图1-1 本书的研究思路框架

第五节 创新之处

本书的创新之处：

创新之一：从劳动专业化、专业多样化、生产迂回化和经济组织化四个维度厘清了分工与供给侧结构性改革的内在关系，并构建了基于分工潜力理论的供给侧结构性改革分析框架，创新了供给侧结构性改革的研究视角。

创新之二：本书从新兴古典经济学出发构建理论模型，并运用超边际分析方法和一般均衡比较静态分析，剖析了供给侧结构性改革的演化机制及其对经济增长的作用，这有利于厘清供给侧结构性改革的内部机制，创新了供给侧结构性改革的研究方法。

创新之三：本书基于理论分析相关命题，从供给侧结构性改革的四个方面出发，使用西部地区多个地级市多年的面板数据分别实证检验了劳动专业化、专业多样化、生产迂回化、经济组织化与经济增长的关系，并进行了一系列异质性分析和稳健性分析，这有利于针对性地提出西部地区供给侧结构性改革的相关建议，创新了供给侧结构性改革的研究内容。

第六节　本章小结

本章主要对研究背景、研究思路、研究意义、研究内容与潜在创新点进行了概述，基于全国供给侧结构性改革持续推进的大背景，以西部地区为切入点，结合西部地区供给侧结构性改革的现状及其产业结构的演变，初步确定本书的研究思路与内容为：参照新古典及新兴古典关于分工经济学的研究，基于供给侧结构性改革的四个基本问题——"生产多少、生产什么、怎样生产、为谁生产"，从劳动专业化、专业多样化、生产迂回化和经济组织化四个方面阐明分工与供给侧结构性改革的内在关系，并进行实证分析，根据研究结果给出政策建议。

本书的理论与现实意义主要在于构建了基于分工潜力理论的供给侧结构性改革分析框架，扩展了供给侧结构性改革的研究视角，同时进行了实证检验，研究成果为政府决策部门提供依据。可能的创新之处主要在于剖析供给侧结构性改革的演化机制及其对经济增长的作用，创新了供给侧结构性改革研究视角与研究内容。

第二章　文献综述与理论框架

"供给侧结构性改革"是近期我国学术界研究和讨论的热门话题。为解决我国经济发展过程中存在的结构性问题，实现经济发展由注重市场需求的"有没有"向注重供给的"好不好"方面的转变，推进供给侧结构性改革是引领经济"新常态"的必然选择。本章将从西方供给学派的兴起与发展、中国供给侧结构性改革以及分工理论等方面来进行阐述，为下文奠定相关基础。

第一节　文献回顾及述评

"供给侧结构性改革"是习近平总书记在 2015 年 11 月中央财经小组会议上首次提出的。随后，吴敬琏（2016）指出，我国经济正面临"三期叠加"和"四降一升"的严峻挑战，应基于供给侧视角去寻找问题源头与应对方法，并提出供给侧结构性改革的实质就在于转变传统的经济发展方式，提高供给效率与质量。其核心在于转变政府职能，进一步释放市场经济的活力，充分发挥市场机制对于资源配置的基础性作用，进而提升供给的效率与质量，大幅度减少交易成本。我国的供给侧结构性改革，是基于中国本土实际来推进实施的，并不是照搬西方"供给管理"的概念与措施，且与其相比我国的供给侧结构性改革的终极目的是要提升国家经济的增长质量，在改革的过程中需始终坚持创新、协调、绿色、开放、共享五大发展理念，从而实现经济持续健康稳定的发展。笔者在梳理国内外相关研究文献时，主要从供给侧结构性改革的理论渊源、定义及其两个重要方面——产业结构优化与经济高质量发展等方面来对文献进行归纳总结。

一、关于供给侧结构性改革的研究

（一）供给侧结构性改革的理论缘起

关于供给侧结构性改革的相关研究可以追溯至经济学的产生，最早是由西方供给学派提出的。根据经济史的发展历程，供给学派一直占据极为重要的地位。亚当·斯密在其著作《国富论》中强调正是资本、劳动等"供给侧"因素在经济发展中起了关键性的作用，并且指出市场这只"看不见的手"对资源配置有自动调节的功能。西方供给侧结构性改革的实施背景主要是当时西方国家经济下行，而传统的需求政策失效，由此经济学家们特提出通过供给管理来优化资源配置进而推动结构性改革的理念。国内的学者则认为应根据本国经济结构的实际情况来实施供给侧的结构性改革，如初级产品产能过剩、供需失衡等，而不能完全照搬西方的供给侧改革概念。我国最早提出"供给侧"管理的是经济学家张五常（2009），他认为："中国鼓励内供远胜于鼓励内需。"随后，"供给侧"的概念逐渐被学者们提出并接受。

国内学者对于供给侧结构性改革理论基础的经济学解释主要有两大方面：

第一，基于西方经济学的角度，从经济增长理论、制变经济学理论、新供给主义理论、发展经济学理论等角度来解释供给侧结构性改革。贾康（2013）针对中国的国情与实践，提出可以着手推动机制创新，以供给管理来缓解"中等收入陷阱""滞涨"等潜在风险，从而促进经济的高质量发展。王一鸣（2015）认为，中国的供给侧结构性改革应基于经济增长理论，改革的核心在于提高技术创新，发挥市场配置资源的作用，化解过剩产能，淘汰落后产业，进而提升全要素生产率。陈宪（2015）、滕泰（2015）和沈建光（2015）等学者则是基于制度经济学理论，认为供给侧结构性改革需全方位地对体制进行改革，如教育、财税、金融、行政管理等方面，进而可降低经济运行中的交易成本。汪红驹和汪川（2016）则从新供给主义理论出发，强调我国的供给侧结构性改革应促使政府放松管制，实施优惠政策来激发供给侧经济主体的主动性，进而从供给端来改善我国供需不平衡的市场状态，进一步促进经济的可持续发展。林毅夫（2016）则基于发展经济学理论，认为我国的供给侧结构性改革应依据其基本国情，来优化要素资源配置，减少无效供给，从而促进产业结构的转型升级。

第二，主要是基于马克思政治经济学角度，根据价值规律理论、劳动分工理论等来解释供给侧结构性改革的具体运行机理。洪银兴（2016）认为，供给侧的结构性改革应以马克思主义经济学为指导，供给侧与需求侧是相互依存的，在进行供给侧改革的同时不能忽视需求侧的作用，需通过改革来调整供给结构，化解供求失衡问题。张如意和任保平（2016）基于政治经济学中的分工理论，认为供给侧结构性改革的本质就在于调节并改善劳动分工，促使分工体系完成由旧到新的转变，化解过剩产能，培育新的发展动力，进而推动经济的高质量发展。任红梅（2018）则认为，供给侧结构性改革是基于马克思主义政治经济学理论，为解决我国经济新常态背景下供需结构性失衡问题的理论创新，为化解现阶段的结构性矛盾提供了理论基础。

（二）供给侧结构性改革的概念界定

供给侧结构性改革的概念是由习近平总书记2015年11月首次提出的，他强调："要在适度扩大总需求的同时，着力加强供给侧结构性改革，着力提高供给体系质量与效率。"随后《人民日报》也对供给侧结构性改革的内涵给出了定义，认为供给侧的结构性改革就是从供给端出发，减少无效供给，提升供给质量，优化资源配置，从而提高社会的全要素生产率，促进经济高质量增长。通过梳理相关研究，可以发现学术界关于供给侧结构性改革的概念研究均是在中国语境下，基于不同的视角来进行阐释的，目前来说还未形成统一的标准与定义，如制度供给、结构调整、经济发展、供需匹配等方面。

在制度供给方面，陆铭（2016）认为，我国经济的真正问题在于供给与需求的错配，而此问题的本质是政策制定者对市场配置资源作用的信心不足，且过度信任自身的行政权力，因此我国供给侧结构性改革应首要解决体制性的问题。任保平（2017）认为，供给侧结构性改革的重点不仅是促进经济的高质量发展，更要做好政策的转型。

在结构调整方面，刘霞辉（2013）、余永定（2016）认为，供给侧结构性改革的本质在于解决我国经济中的结构性问题，根本目标是调整产业、技术、要素等方面的结构，进而促使我国跨越中等收入陷阱，走经济高质量发展之路。

在经济发展方面，刘伟（2016）认为，供给侧改革的核心是通过提升竞争力与劳动生产率，推动产业结构的优化升级，从而促使传统粗放型的经济模式向集约型的经济模式转变。李稻葵（2015）则认为，我国的供给侧结构性改革应侧重于平衡区域经济的发展。

在供需匹配方面，丁任重（2016）、刘世锦（2016）等学者认为，当前我国经济运行中的主要问题是供需结构的矛盾，尤其是经济进入新常态后，低端产能过剩，在生产要素、民生设施等方面还存在供需不匹配的情况，因此需要推动供给侧结构性改革，纠正资源错配，促进产业升级，最终达到供需的动态平衡。

（三）供给侧结构性改革的实践路径

对于如何推进我国供给侧结构性改革的研究，国内学者主要从宏观、中观、微观三个层面进行了探讨和分析：一是基于宏观层面，林毅夫（2016）、金碚（2016）等学者认为，供给侧结构性改革应着重于协调经济发展中的供需结构，重点关注改革对实体经济的冲击，因此在制定实施宏观经济政策时，可以考虑反周期和稳定的政策以确保供给侧改革的顺利进行，同时要合理运用财政政策，推动经济的可持续发展。二是基于中观层面，学者们多从人口结构、产业结构、外贸结构以及技术结构方面来分析供给侧结构性改革的实践路径。蔡昉（2016）、贾康和苏景春（2016）等提出供给侧结构性改革的推进可以通过调整人口政策、推动户籍制度改革、增加人力资本等方式来优化人口结构，从而提升我国的人口数量与质量，将"人口红利"转向"改革红利"。杨振（2016）、李娟伟和刚翠翠（2017）认为，供给侧结构性改革的实施要从产业层面入手，完善市场退出机制与企业的兼并重组，倒逼"僵尸企业"从市场退出，从而有效化解低端过剩产能，提高供给的效率与体系，最终推动产业结构的优化升级。沈坤荣（2016）认为，供给侧结构性改革可基于全球化背景，开拓国际发展空间，借助"一带一路"的建设来化解产能过剩，促进外贸增长，以拓展外部的空间来赢得内部改革和经济结构优化升级的时间。黄剑（2016）则提出，供给侧结构性改革的关键是创新驱动，由企业和政府主导，企业方进行产品、技术和管理的创新，而政府则着重于制度创新，从而降低市场交易成本，推动经济的可持续发展。三是基于微观层面，大多数学者认为可通过对体制机制进行改革释放企业的活力。丁任重（2016）认为，在供给侧结构性改革的过程中，加快金融体制和财税制度的改革，着重解决中小企业的融资难、成本高问题，优化资本要素配置，完善资本市场，增强企业的发展动力与活力。目前还有部分学者探索了供给侧结构性改革的定量分析。苏永伟等（2018）构建了湖北省供给侧结构性改革绩效的指标体系，并使用层次分析法进行评价，发现湖北省的改革取得显著成效的同时还存在一定的问题。周密等（2018）基于劳动价值论和多部门熊彼特模型，选取1993～2014年的面板数据，研究我国供给侧结构性改革与西方国家存在的不同，结果表明我国应发挥企业家的认知性劳动引领作用来践行改革。

二、关于产业结构优化方面的研究

（一）外商直接投资（FDI）与产业结构优化的国内外研究

外商直接投资会通过影响经济要素，进而影响产业结构的优化升级。学者们主要从以下三个方面来进行研究：

（1）国外有学者基于理论模型来论述 FDI 对产业结构优化的影响。Chenery 和 Strout 在 1966 年提出了"双缺口模型"，该模型认为发展中国家的经济受限于储蓄不足和贸易逆差两个缺口，进而会制约产业结构的转型升级。而外资的流入在一定程度上刚好可以同时弥补这两个缺口，进而为产业结构的优化升级提供基础。"双缺口模型"的提出成为外商直接投资促进发展中国家经济增长的先驱理论。之后 1984 年 Hirschman 在"双缺口模型"的基础上补入技术缺口，修正为"三缺口模型"。他认为发展中国家除了存在储蓄不足与贸易逆差缺口外，面临的最重要的约束就是技术匮乏，而技术缺口的存在仅靠国内资源是无法消除的，往往需要从国外引进资源。东道国通过在国际上引进已有的技术资源并将其直接用于生产中，可以减少技术革新阶段的风险，从而促进其产业结构的优化升级。随后学者们通过跨国公司的研究来分析 FDI 与东道国产业结构优化的关系。Markusen 等（1999）根据比较静态模型研究发现，跨国公司对于发展中国家的投资可以促使其产业结构的优化升级。

（2）在实证分析方面，Graham（2001）根据瑞典、德国、日本等国家的产业分布与 FDI 数据进行分析发现，FDI 对于东道国出口贸易的促进作用较为显著。Zhou 等（2002）基于 FDI 和东道国企业竞争力关系的研究，得出 FDI 对同地区的多种行业都有一定的促进作用，而对同行业的其他企业则有负面作用，这是因为 FDI 的流入促进了东道国经济的增长，但由于其抢占了一部分的市场份额及生产资源，使同行业的本土企业竞争力下降。Akbar 和 Bride（2004）根据匈牙利银行的数据发现，不同类型的 FDI 对东道国经济发展的作用不一致，市场导向型的 FDI 可以促进经济长期发展，而资源导向型的 FDI 对本国的技术进步有一定的阻碍，因此东道国对 FDI 的类型也应有审慎的态度。此外，还有国外的学者对 FDI 与不同产业的影响进行了研究。Stefano 和 Gaetano（2008）通过对意大利就业数据的研究，发现 FDI 的流入对东道国制造业有较为显著的促进作用。Li（2010）使用格兰杰因果检验对日本产业数据进行分析，发现 FDI 确实能够对第二产业和第三产业结构的变化产生影响，但不能解释第一产业结构的变化。Zhao 和 Niu（2013）立足于东道国角度，通过研究 FDI 与产业发展的数据，发现通过对投资环境进行改善，引入第三产业的 FDI，能够对东道国产业的优化升级有一定的促进作用。

（3）在 FDI 对于我国产业结构优化升级的影响方面，我国众多学者也从不同角度进行了验证。多数学者认为 FDI 的流入能够促进产业结构升级。李雪（2005）通过分析我国 1983~2002 年的 FDI 与产业结构数据，发现 FDI 对我国的产业结构的优化有着长期的影响，其对产业结构的优化效应主要体现为各个产业实际外资对产业增加值的贡献度。文东伟和冼国民等（2009）根据我国出口行业的数据发现，FDI 对我国产业结构优化升级有着显著的推动作用，同时也对我国的出口竞争力有提升作用。聂爱云和陆长平（2012）通过检验省级层面的 FDI 与产业结构之间的关系，发现 FDI 的流入能够促进产业结构的优化升级，其中，增加 FDI 有利于降低第二产业在经济总量中的比重，增加第三产业的比重。汪芳和柯皓天（2018）使用结构方程模型来研究 FDI 对我国产业结构优化升级的影响机制与具体效果，发现促进产业结构优化升级的最优路径为技术进步，而对投资结构进行调整优化则可显著推动产业结构优化升级。刘泽（2019）基于我国山东省2001～2017 年的时间序列及面板数据来检验 FDI 与产业结构优化之间的关系，结果显示 FDI 能够促进产业结构更加高级化与合理化。

有部分学者认为 FDI 对产业结构的优化存在负面影响或其影响存在一定的结构性差异。郭克莎（2000）使用 1979～1998 年的 FDI 与我国三次产业构成的数据，研究发现三次产业结构偏差的增大是由 FDI 中的结构性倾斜造成的。陈继勇和盛杨怿（2009）通过研究我国 1984～2007 年的数据，认为由于 FDI 流入的结构与质量参差不齐，FDI 反而加重了我国三次产业结构的不平衡状况。张林（2016）根据我国省级面板数据，得出双向 FDI 能够显著地推动我国的产业结构升级的结论，而两者之间的交互作用则会在一定程度上阻碍产业结构的优化升级。赵蕾等（2018）通过将山东省 17 个地级市根据金融效率分组来检验 FDI 的产业结构效应，对于金融效率低的组 FDI 可以推动产业结构优化升级，而对于金融效率高的组推动作用则不明显。黄永明和陈宏（2018）通过使用 FGLS 模型来检验 FDI 对产业结构优化的影响，结果发现不同类型的 FDI 的产业结构升级效应也不同，如生产性服务业的 FDI 会阻碍产业升级，而制造业 FDI 则推动了产业结构的优化升级。

此外还有学者发现 FDI 对我国产业结构存在非线性的影响。栾申洲（2018）以 2000～2016 年的省级面板数据为样本，使用系统广义矩估计方法检验 FDI 对我国产业结构优化升级的影响，发现 FDI 对产业结构优化存在先抑制后促进的影响（即为 U 型关系）。贾妮莎和韩永辉（2018）基于非参数面板模型来检验双向 FDI 的产业升级效应，结果发现双向 FDI 对我国的产业结构优化存在非线性关系，其中 FDI 对产业结构优化的促进作用呈倒 U 型。

（二）金融发展与产业结构优化的研究

内生经济增长理论认为金融发展有助于产业结构升级和经济增长。Goldsmith（1969）在其《金融结构与金融发展》一书中，通过分析 1860～1963 年 35 个代表性国家的数据及统计资料，发现金融发展对储蓄与投资的生成与转换有促进作用，促使金融要素的优化配置，进而推动国家的经济增长与产业结构变动。Fisman 和 Love（2003）通过研究金融市场的发展对社会资源优化配置的影响，认为金融市场发展水平较高的国家，说明其社会资源配置水平较高，则产业间关联度的增长率就会越高，进而对该国产业结构的优化升级就会有一定的推动作用。Binh 等（2007）通过分析 26 个经合组织成员国金融结果与产业发展的数据，发现传统低风险的行业会在以银行为主导的金融系统中得到更好的发展，而资本密集型、高风险的行业想要快速的增长则需要以市场为主导的金融系统，这说明国家内部的金融结构需根据其产业结构的特点来进行匹配与演变。Bonfiglioli（2008）使用 1975～1999 年 70 个国家的数据来检验金融市场开放度对全要素生产率的影响，结果表明金融自由化可以提升国家的全要素生产率进而推动经济发展。Husan 等（2014）通过研究 32 个国家的数据，检验金融发展对技术创新的影响，结果发现股票市场的发育对于高技术密集型产业的发展有着显著的推动作用。Pradhan 等（2015）基于亚洲各国的样本数据，实证检验金融发展程度对于通信行业的影响效应，结果显示金融发展程度越高的国家也会拥有更优质的投融资环境，进而能够显著提升行业内的技术创新水平，对于产业结构的优化也有一定的促进作用。

国内学者关于金融发展影响产业结构优化的研究开始较晚。刘世锦（1996）最早提出应该将金融发展的出发点放在促进产业发展上，因此要着力实施金融体制的改革与创新，进而为产业结构的优化发展提供配套的金融服务。伍海华和张旭（2001）通过研究金融发展、经济增长与产业结构之间的经济联系，并对金融发展促进产业结构变动的作用机理进行解释，认为其主要作用于产业的产出结构、组织结构与技术结构三个层面。蔡红艳和阎庆民（2004）提出，新兴国家度量行业成长性的模型，据此研究我国资本市场资本配置与产业结构调整之间的互动关系，结果表明我国的资本市场存在扶持落后低成长产业的非市场行为，而具有经济优势的高成长行业却未得到有效的识别。张玉喜（2006）通过分析产业政策的金融支持因素及机理，发现优化金融结构或增加金融总量对我国产业的优化升级无明显的作用，但对经济增长的促进作用较为显著。邓光亚和唐天伟（2010）基于多变量 VAR 模型，检验 1978～2008 年中部地区金融发展与产业结构之间的关系，发现中部地区金融发展与产业结构调整存在着长期的协同效应，金融机构的优化与金融深化都会推动产业结构的优化升级。苏建军和徐璋勇（2014）通过构建金融发展、产业结构升级与经济发展的多方程模型，发现金融发展与产业结构优化升级之间具有较大的相互促进作用。王仁祥和吴光俊（2019）通过收集中国 2000～2017 年省域面板数据，采用面板 OLS 和差分 GMM 模型分析金融深化对产业结构转型升级优化的本地效应影响，结果表明，金融深化显著促进产业结构高度化和产业结构合理化。

（三）技术创新与产业结构优化的研究

技术创新对产业结构优化的影响，一直是国内外学者研究的热点问题。国外学者大多认为技术创新可推动产业结构的优化升级。Stoneman（1983）基于产业劳动力人口视角，认为科学技术对就业有着较大的影响，人们对科技的关注的主要原因在于技术创新会对就业结构产生影响，使就业在三大产业间进行分布变动。科技进步可以推动经济的发展和人们生活水平的提高，进而推动就业人口由第一产业向第二、第三产业转移，即劳动力将会从低附加值产业逐渐转移至高附加值产业，推动产业结构的优化升级。Porter（1998）则基于产业竞争优势视角，发现地区产业持续的竞争优势来自技术创新带来的优化升级，且创新与升级之间相互关联、互相促进。Varum 等（2009）对不同产业数据进行分析研究，结果发现技术创新对行业的劳动生产率有显著的促进作用，推动其成为高生产率的行业，进而为整个产业结构的转型升级奠定基础。Lucchese（2011）通过对英国等六个欧洲国家的细分行业数据研究分析，并使用技术变化的"新熊彼特"方法，发现科技技术的创新能够显著推动一个国家产业结构的发展与优化。Sengupta

（2014）的研究指出，通过科技创新产生的新产品将会发展成为新的产业部门，对原有的产业结构造成冲击。

国内学者的研究多在分析技术创新对产业结构优化升级的影响机理。周叔莲和王伟光（2001）研究技术创新对产业结构优化的作用机理，发现技术创新是通过影响市场的需求结构进而促进新兴产业的发展，同时对传统产业进行技术改造进而促使产业结构的优化升级。张晖明和丁娟（2004）通过分析技术进步对产业结构调整的影响，认为产业结构优化升级的直接推动力就是技术创新。王岳平等（2005）通过分析我国产业技术升级的特征及影响，认为技术创新在产业结构的优化升级中有着十分重要的作用。赵新华和李晓欢（2009）构建了我国产业结构与技术创新水平的指标体系并进行实证研究发现，技术进步与产业结构调整之间存在长期协整关系，且技术创新对产业结构的优化升级存在明显的促进作用。李邃（2010）通过实证分析检验了高技术产业创新能力对产业结构优化升级的影响，发现高技术产业的技术创新能力对产业结构的优化升级有显著的推动作用，但不同行业的技术创新能力、转化能力与创新环境对产业结构优化升级的表现力不同。程强和武笛（2015）通过分析技术创新与传统产业的耦合关系与驱动作用机理，认为技术创新通过丰富传统产业的表现形式、拓宽其发展方向、提高其技术含量等途径对产业的优化升级产生影响。刘新智和刘娜（2019）基于复合系统协同模型，测度长江经济带技术创新与产业结构优化的协同性，提出技术创新与产业结构优化的协同发展能力对于区域经济的可持续发展非常必要。

（四）其他方面

劳动力对产业结构的影响方面。现有学者多基于劳动力流动视角来探讨劳动力对产业结构升级的影响。Gilbert 和 Oladi（2009）基于经济均衡模型来探讨劳动力流动与产业结构升级之间的关系，发现劳动力流动受到工资黏性的约束，则会限制产业结构的优化。Pennock（2014）认为，劳动力的流动对产业结构升级有一定的推动作用，主要原因在于劳动力的流动有知识溢出效应。程鹏（2014）的研究发现，我国劳动力从农业部门流向非农业部门，能够提高第二、第三产业的生产总值，对产业结构调整有促进作用。赵楠（2016）通过对我国的省级面板数据进行空间计量研究，发现劳动力的流动对区域产业结构的优化升级有明显的推动作用。戴翔等（2016）的研究指出，产业结构的优化升级受到劳动力技能及劳动力资源配置效率的影响。此外，国内还有一些学者认为劳动力的流动对产业结构的优化升级有抑制作用。樊士德和姜德波（2011）的研究指出，我国中西部的劳动力转移到东部地区，会使东部地区的劳动力密集型产业长期保持，这样反而抑制了当地的产业结构优化升级。董琨等（2019）利用我国2002~2016年的省级面板数据构建多维产业升级指标并进行实证研究，发现劳动力流动可以通过增加消费需求、提高人力资本积累来推动产业结构升级，但却阻碍了第三产业的内部优化升级，总体来说劳动力流动对产业结构整体的优化升级作用并不显著。

财政政策与产业结构优化的研究。大部分学者认为财政政策对于产业结构调整的作用主要是其可以在一定程度上弥补市场机制的不足。倪红日（2015）认为，对于中国来说，财政政策对产业结构调整的推动作用要大于市场经济国家。目前来说，学者们对于财政政策影响产业结构调整的研究大致分为两种：正向影响与负向影响。其中，Hamberg（1966）、Feldman 和 Kelley（2006）的研究发现，增加财政科技支出将会促进产业结构的优化升级。郭杰（2004）通过对财政支出结构和产业结构数据进行回归分析，结果表明政府的财政政策对于我国的产业政策的调整有着极为重要的作用。张同斌和高铁梅（2012）的研究表明，财政政策对于高新技术产业产值有显著的促进作用，且推动产业内部的优化升级。严成樑等（2016）、贾卫丽和李普亮（2017）的研究均表明福利性的财政支出将会显著推动产业结构的优化升级。然而还有诸多学者认为财政政策对于产业结构调整存在负向影响。Kaplinsky 和 Readman（2005）、宋凌云和王贤彬（2013）的研究均认为，在我国改革开放初期，政府部门的财政政策偏向于短平快项目，阻碍了产业结构的优化升级。褚敏和靳涛（2013）的研究指出，在转型期间政府过度干预经济将会对产业结构的优化升级产生明显的抑制作用。金春雨等（2017）通过探讨宏观财政政策与产业结构调整之间的关系，结果显示积极的财政政策反而会抑制产业结构的优化升级。

三、关于经济高质量发展方面的研究

当前，我国经济正处于高速增长转向高质量发展的新阶段，而过去依靠资本、劳动等生产要素投入的粗放型经济发展模式难以成为经济结构转换的动力，因此亟须推进供给侧结构性改革，通过优化产业结构、提高资源配置效率、完善体制机制变革来提升经济增长的质量。经济高质量发展作为供给侧结构性改革的根本目标，在国家提出供给侧结构性改革以来，引起实务界与学术界的广泛关注。本书通过梳理国内外研究文献，多角度对经济高质量发展进行了解读。

（一）关于经济高质量发展的内涵研究

国外对于经济高质量发展内涵的研究主要从以下三个角度进行：一是基于量和质的角度。卡马耶夫（1983）在其《经济增长的速度和质量》一书中对"经济增长的实质"给出了较为权威的解释，他认为一个国家真正的经济增长不仅是指产品、生产资料等在数量上的增加，更包括在质量上的提升，如市场上产品质量进一步提升、生产效率与消费水平的进一步提高等。可以发现，他认为经济的增长效率即为经济的增长质量。多恩布什等（2010）则认为，经济增长的数量与质量应该是不可分割的一体，他指出通过提升要素的生产效率，最终将会推动经济自然而然的增长。二是基于社会福利视角。Thoms（2001）在研究中指出之前政府部门更倾向于通过物质资本的增加来推动经济发展，而经济高质量增长则要求政府部门也应该加大对自然资本和人力资本的投入。他认为如果政府部门的政策制定能够不偏不倚，统筹安排自然、人力、物质三类资本的投入并达到内部平衡，将会提升整个社会的福利水平，进而使经济增长的质量也得到提升。三是基于可持续发展的视角。Martinez 和 Mlachila（2013）在研究中对高质量增长进行了定义，认为所谓的高质量增长主要是指稳定、可持续的增长，同时也包括生产力水平的不断提升，从而可以缩小贫富差距，使人民可以获得足够的物质保障。Mlachila 等（2017）则从发展中国家的现实情况出发，对高质量增长的内涵进行了界定，认为高质量的增长主要是可持续、社会友好型的增长。他们指出，发展中国家的成长自然需要经济的高速度发展，但仅仅只靠高速度是不够的，鉴于发

展中国家之前的发展历程，虽然在经济积累上取得了一定的成就，却未能显著地缩小贫富差距，因此要更注重经济增长的质量。国外很少有学者对于经济高质量发展的内涵进行界定，多是从经济增长质量的因素方面来进行研究。

国内对于经济高质量发展的内涵有着诸多研究，主要体现在以下四个方面：一是基于发展方式转变的层面。郑新立（2017）认为，我国经济高速增长阶段转向高质量发展阶段的内涵在于，我国经济的发展已经从过去的依靠消耗低成本生产要素的低效率、粗放型发展模式，逐渐转化为能够化解发展模式遗留下来的诸如产能过剩、生态环境污染等问题的高科技、管理水平的集约型发展模式。二是基于新发展理念的层面。林兆木（2018）在研究中对我国经济高质量发展的内涵进行了界定，认为经济高质量发展指的是经济水平发展到可以满足人们对日益增长的美好生活的需求，例如，在发展过程中生产效率与经济效益持续提升、商品与服务的质量得到进一步改进等。金碚（2018）基于高质量发展的经济学性质，认为经济高质量发展的判断标准应该为经济发展水平是否可以满足人们不断增长的多方面需求，而这些需求不仅包括物质层面的需求，更包括具体到个人全面发展的需求。任保平（2018）在研究中指出，经济高质量发展要求经济水平达到数量与质量的统一，并且经济高质量发展的概念也将习近平总书记提出的五大发展理念囊括在内，其中创新为高质量发展提供了动力，协调理念针对的是发展不平衡不充分问题，绿色理念针对发展中经济与环境共生的问题，开放理念解决发展中的国际合作问题，共享理念则主要解决发展中的公平问题。三是基于社会民生的视角。王军（2017）对经济高质量发展的内涵也进行了界定，他认为其包括六个方面的内容，主要有经济可持续发展、供给侧结构性改革不断向纵深推进、重大金融风险得到化解与防范、保持宏观政策的稳定与连续、生态文明建设卓有成效、民生福祉持续增进。四是基于供需与效率视角。杨三省（2018）在研究中指出，高质量发展的衡量标准主要有四个方面，即降低资源环境的消耗水平，提高企业的投入产出率，提高各项经济资源的配置效率，同步提升社会、生态与经济效益。国务院发展研究中心主任李伟（2018）认为，高质量发展的实现体现在多方位，需重点处理好五大关系，即依靠创新提高投入与产出的比例，面对效率与公平提升分配效率，充分发挥政府的协调作用与市场配置资源的作用，推动供给侧结构性改革以实现高水平的供需平衡，构建合作共赢的新型国内外合作关系。

（二）关于经济高质量发展指标的研究

国外学术界对于经济高质量发展的指标构建方面的研究几乎为空白，而学者们对于经济发展质量的指标选取方面则有一定的研究成果。20世纪70年代，联合国社会发展研究所（UNRISD）的研究者们通过大量分析研究社会发展水平的指标，最终在73个指标中选取了9个社会层面指标和7个经济层面的指标，构建了一套衡量社会经济发展程度的指标体系。随后，世界银行在1978年确定了32个衡量世界经济发展水平的指标，并予以发布。在1990年，联合国开发计划署（UNDP）组织全球各地的研究人员编写了《人类发展报告》并予以发布，通过梳理世界经济与人类社会发展进程的现状与面临的现实困境，提炼出相应的影响因素，并构建了"人类社会发展指数"（HDI），即根据国内居民生活水平来对其当前的综合发展实力进行衡量。2012年，UNDP在最新的人类发展报告中，选取了教育、收入水平与期望寿命指标对人类发展指数进行了综合计算，并根据指数大小将其划分为四个档次：指数在0~0.55为低发展水平，在0.55~0.7为中等发展水平，在0.7~0.8为高发展水平，在0.8~1为极高发展水平。上述用于衡量地区或国家经济发展水平指标的选取与指标体系的构建，从本质上来说更偏向对人们生活质量水平的衡量，对于高质量发展指标体系的构建有一定的借鉴意义，但还不够全面。

国内经济高质量发展指标的选取与衡量方面的研究方兴未艾，已经积累了较多研究成果，但还未形成统一的标准。徐莹（2018）提出，我国对于高质量发展指标体系构建的研究处于初步探索阶段，且已有研究在衡量标准、指标选取等方面都存在一定的偏差，针对这种现状亟须构建出一套科学合理的评价标准体系，进而能够有效地评价经济高质量发展的程度。许岩（2017）指出，在完善衡量经济高质量发展指标体系的过程中，需充分考虑到绿色发展的进程，国家发展改革委、国家统计局环境保护部、中央组织部出台的《绿色发展指标体系》对我国各地的绿色发展指数进行了衡量，有相当重要的意义，因此可以将其纳入经济高质量发展指标体系中。程虹（2018）指出，高质量发展不仅需要对社会经济层面的数量与质量进行衡量，更应该考虑对于养老、社会保障等民生层面的指标衡量。任保平和文丰安（2018）指出，新时代我国高质量发展存在六大判断标准，其中，协调性的衡量标准应为区域内产业结构的优化升级；持续性应将经济发展过程的资源环境成本考虑在内；有效性主要考虑生产要素的投入产出比率；平稳性的衡量可以通过区域内经济、就业、价格等的波动情况；创新性主要考虑地区科学技术的发展水平；分享性主要是指地区居民对于经济发展成果的共享程度，如生活质量的提高等。任保平和李禹墨（2018）指出，构建高质量发展的评价体系，对推动我国经济高质量发展有着极其关键的意义，认为高质量发展的评价体系应该囊括指标体系、政策体系、标准体系、统计体系、绩效评价体系与政绩考核体系六个体系。其中，指标体系应从经济数量与质量、居民消费、收入水平、就业水平、资源环境等多个维度来进行构建；政策体系的健全应从宏观、微观、产业、改革等多个层面来实现；标准体系应从宏观视角的经济发展速度、中观层面的产业结构情况以及微观层面的产品与服务质量三个层面来进行考虑；统计体系不单指经济指标的衡量，还应将资源环境、社会保障等指标纳入统计范畴；绩效评价体系的构建主要考虑四个方面：经济增长速度、产业结构水平、科技创新水平与经济健康可持续发展水平；政绩考核体系主要考虑质量提高、民生改善、社会进步、生态效益等指标和实绩。

（三）经济高质量发展的影响因素

关于经济高质量发展的影响因素方面，学术界进行了诸多讨论，本书将从以下五个方面对其进行梳理：

（1）城镇化。Bugliarello（2006）、Belsky（2012）等认为，城镇化对经济的可持续增长有一定的推动作用，而 Wood（2007）、Ooi（2009）等则对城镇化是否能真正促进经济的发展质量表示怀疑。我国有学者认为城镇化进程的持续推进对资源环境产生负面效应，进而阻碍了经济的高质量发展（邓祥征等，2013）。但大多数认为城镇化可以促进经济质量的提升（朱丽萌，2006；辜胜阻等，

2010；郗希等，2015）。彭宇文等（2017）通过分样本检验传统城镇化和新型城镇化对经济质量的影响，结果显示，对于全国和中东部地区，传统城镇化对经济质量的影响效应不确定，而对于西部地区则有促进作用；新型城镇化则对全国和分地区的经济质量都有显著的推动作用。何兴邦（2019）基于我国的省级面板数据检验了城镇化对经济增长质量的影响，结果显示我国的城镇化进程对经济发展质量有显著的提升作用，其提升途径主要包括对产业结构的优化效应、增进居民福祉、提高资源配置效率和改善生态环境。

（2）财政分权。财政政策作为各国最为重要的宏观调控政策，其对于经济质量的影响一直深受学术界和实务界的关注。Seabright（1996）在研究中指出，地方政府与中央政府相比具有能提升居民福祉的信息优势，财政分权政策的施行可使地方政府更加关注区域内人们的福利保障，有利于提升经济质量。Qian 和 Weingast（1997）、Zhuravskaya（2000）等也都认为财政分权的改革对于提升经济质量有着重要的推动作用。国内学者对于两者关系的研究集中在进入 21 世纪之后。林毅夫和刘志强（2000）最早通过我国的省级面板数据检验了财政分权与经济增长之间的正向关系。刘金涛等（2006）则以 1994 年分税制改革为分界点，对财政分权与经济增长之间的关系进行实证检验，结果显示，分税制改革前为负相关关系，改革后则为明显的促进作用。周东明（2012）则通过检验财政分权对经济增长的区域异质性，发现其对中西部地区经济的推动作用要明显大于东部地区。林春（2017）通过使用省级面板数据进行分区域计量检验，结果发现财政分权可以显著推动我国经济质量的提升，且提升效应还存在一定的区域异质性。

（3）企业投资。长期以来，资本投资是我国经济保持高速增长的主要驱动力。对于微观层面上企业投资与经济发展质量之间的关系，国内学者已经积累了较为丰硕的研究成果。Jorgenson 等（2008）、Corrado 等（2010）学者指出，当经济发展到一定程度时，企业固定资产等重复性投资对于经济价值的边际贡献会不断降低，进而难以推动经济的高质量发展，因此应在此时增加对技术创新的投资，为经济高质量发展提供新的驱动力。Assane 和 Grammy（2003）、Ruwan 和 Quentin（2005）等认为，企业投资对经济发展质量的影响存在区域异质性，在经济较为发达的地区，产业结构水平也较高，粗放型资本投资的深化效应程度将会较低，进而难以促进经济的高质量发展。而对于经济不发达的地区，粗放型资本投资的深化效应程度则会较高，从而对经济发展质量有较为显著的推动作用。而国内学者多基于宏观视角来研究投资对经济质量的提升作用（林毅夫和苏剑，2007；陆铭和欧海军，2011），微观层面的研究则较少。郝颖等（2014）从微观企业层面探究了其对于经济发展质量的影响，并分样本进行了检验，结果显示，企业投资中的权证投资和固定资产投资对于经济发展质量有明显的负面效应，而技术投资则存在显著的促进效应；且民营企业的投资活动对于经济质量有较大的提升效应，尤其是在经济发达地区。

（4）对外直接投资。国内外学者关于对外直接投资（OFDI）对母国经济的影响研究已经取得了较为丰硕的成果。国外学者对于两者之间的关系存在两种看法。一方面，有学者认为提高 OFDI 会阻碍母国经济的发展（Stevens et al.，1992）；另一方面，还有学者认为 OFDI 的增加将会提升母国经济的发展水平。Dunning 等（1998）通过构建动态分析框架，对 OFDI 与母国经济发展进行了实证检验，并基于此提出了投资发展周期理论。Denzer 等（2011）基于经济的内生增长模型，检验 OFDI 对母国经济发展的影响，结果显示两者之间存在显著的正相关关系。国内对于两者关系的研究起步较晚。魏巧琴等（2003）最早开始探讨两者之间的关系，结果发现，OFDI 并未对国内经济发展产生影响。冯彩和蔡则祥（2012）使用省级面板数据检验对外直接投资对于母国经济增长效应存在区域异质性，全国、东部及中部地区 OFDI 对经济发展有明显的促进作用，而西部地区的回归结果显示两者之间不存在长期均衡关系。孔群喜和王紫绮（2019）通过构建经济高质量发展指标，并检验 OFDI 对我国经济的影响，结果显示，我国企业进行对外直接投资对经济的高质量发展有着明显的推动作用，因此可在宏观层面鼓励企业"走出去"。

（5）环境规制。学者们关于环境规制对经济影响效应的研究主要存在两种观点：一种观点为 Poter（1991）提出的创新补偿理论，他指出当政府能够设计出有效的环境规制时，其可以对企业形成创新激励效应进而对环境规制的成本进行抵减，最终增加企业的竞争优势，推动经济发展。另一种观点为遵循补偿理论，该理论指出当企业处于环境规制的约束之下，将不得不增加保护环境的成本，则会阻碍企业绩效的提升，进而对经济发展起到抑制作用（Jorgenson，1990；Chintrakarn，2008）。这两种观点均得到了研究者们的验证。Olga 和 Grzegorz（2006）的实证结果显示，波兰实施的环境规制对其经济的发展产生了负面影响。张林娇（2015）对我国省级面板数据进行实证检验，发现环境规制对我国的经济发展存在明显的负向影响。封福育（2014）通过构建两部门经济模型并进行实证分析，结果显示环境规制对我国经济发展有一定的提升效应。夏勇和钟茂初（2016）通过对我国地级市的相关数据进行实证分析，结果发现环境规制可以通过倒逼企业进行技术创新进而促进我国经济的发展。何兴邦（2018）基于省级面板数据来探讨环境规制对经济发展质量的影响，发现环境规制对我国经济质量的提升有较为显著的推动作用，且存在门槛效应。冯严超和三晓红（2018）通过构建空间面板模型对我国省级面板数据进行实证研究，结果发现环境规制对我国的绿色经济绩效存在门槛效应，因此将环境规制强度保持在适当的区间内，可以对经济发展质量有一定的提升效应。

（四）关于经济高质量发展的实现路径研究

学者们对于如何实现经济的高质量发展的研究较多，本节主要从以下五个方面进行梳理：

（1）基于产业结构升级的视角。胡鞍钢（2018）提出，推动产业结构的优化升级对经济质量的提升有着重要的意义。刘友金和周健（2018）在研究中指出，我国经济高质量发展的关键在于价值链的高端攀升，应当加快传统制造业的优化升级。

（2）基于供给侧改革视角。沈坤荣（2018）认为，我国正处于向高质量发展转型的重要阶段，解决新发展阶段面临的主要矛盾，应以供给侧结构性改革为主线，加快增长动力的转换，提升经济发展质量。林兆木（2018）提出，推动我国经济的高质量发展重点是要持续推进供给侧结构性改革，着力处理好经济发展中存在的不平衡不充分的矛盾。

（3）基于改进体制机制的视角。郭占恒（2018）提出，企业是我国经济高质量发展的关键，因此应对市场机制进行完善，处理好政府与市场之间的关系。张立群（2018）指出，面对我国处于迈向高质量发展新时代的阶段，应深化改革，厘清阻碍生产力发展的影响因素，破除弊端，对市场机制、产权制度等方面予以完善。张军扩（2018）提出，我国经济高质量发展的实现，其重点就在于转变政府职能，建立健全完善的市场机制与激励创新的制度环境。金碚（2018）认为，提升经济发展质量的根本性保障在于深化体制改革，完善产权保护制度。

（4）基于现代化经济体系的构建层面。师博（2018）指出，我国经济高质量发展的根基在于现代化经济体系的构建，其可以通过动力体系、制度体系、供给体系、产业体系的构建与完善进而多层次、多视角地促进经济质量的提升。

（5）基于效率变革视角。茹少峰等（2018）通过厘清我国全要素生产率（TFP）的影响因素与内在提升机理，认为效率变革是提升我国经济发展质量的核心，并以此提出了高质量发展的实践路径。

四、供给侧结构性改革、产业结构优化与经济增长质量的研究

（一）供给侧结构性改革与经济增长质量

目前，我国经济正处于从高速增长转向高质量发展的重要阶段，现阶段正持续深入地推进供给侧结构性改革，为经济的高质量发展提供强有力的支撑。当前供给侧结构性改革影响经济增长质量的内在机理与路径的研究已经引起了学术界与实务界的重点关注。黄群慧（2016）基于经济结构视角与供给侧结构性改革的分析框架，指出其对经济质量的影响主要在于，供给侧结构性改革可以针对当前造成经济运行效率低下的结构性矛盾来进行结构调整，认为其本质在于通过改革来激励创新，继而依靠科学技术的提升来促进 TFP 的增长，最终提升经济的发展质量。

对于两者之间的关系，学者们进行了一些研究，但相对来说成果还不够丰硕。在现有研究中，学者们基本认为我国实行供给侧结构性改革的终极目的在于

促进我国经济的高质量发展，且也进行了定性分析来研究两者的内部影响机制，并根据分析结果提出相应的政策建议。邓若冰和吴福象（2016）通过对我国经济质量的现状分析，厘清了制约我国经济增长质量的供给侧因素主要有要素供给不足、自主创新能力不够、市场机制扭曲以及国际环境恶化等，提出供给侧结构性改革应基于我国的发展现状，应该着重从深化体制改革、优化调整产业结构、实施创新驱动等方面来进行，进而促进经济的发展质量。刘志彪（2016）基于中国语境，认为目前我国供给侧结构性改革的重点问题是解决资金问题，需从供给与需求两端结合发力，遵循市场运行规律，转变政府职能，促进技术创新，以此推动产业结构的优化升级，提升经济发展质量。任保平和付雅梅（2017）基于我国经济面临的结构性矛盾，认为持续推进供给侧的结构性改革才能从本质上化解此矛盾，提出改革应该具备系统性思维，基于全局视角来统筹进行，以创新驱动提高产品质量，推动产业转型升级，最终促进经济高质量发展。李娟伟和刚翠翠（2017）认为，我国经济的发展质量存在着诸多供给侧结构性约束，如资源要素配置效率低下、产能过剩严重、政府过度干预等，因此需建立实施供给侧改革的长效机制，与需求管理政策相结合，因地制宜地优化政府职能，促进要素资源的合理配置，推动科技创新，以达到提升经济增长质量的目标。

通过对文献的梳理，可以发现目前对于供给侧结构性改革与经济发展质量之间关系的研究基本停留在定性层面，缺少定量的分析与研究，因此这也是未来研究的重点方向之一。

（二）产业结构优化与经济增长质量

产业结构对经济发展质量的影响作用一直是国外学者关注的重点问题，已经有诸多学者对两者之间的关系进行了理论研究与实证检验。通过梳理国外研究文献，本书主要从以下两个方面来进行概述：

1. 产业结构对资源要素配置的影响

有学者使用要素资源的配置效率来对经济增长质量进行测度（刘元春，2003），目前来说，有关产业结构调整对于资源要素配置效率的影响的研究成果可以从三个方面来进行归纳：

（1）产业结构调整对单一要素的配置效率影响。凌文昌和邓伟根（2004）通过研究三次产业结构转型对劳动生产率的影响，发现产业转型对我国经济增长质量存在显著的促进作用，因此提出产业结构的优化升级对于经济高质量发展的潜力巨大，为相应政策的制定奠定了理论基础。杨天宇和曹志楠（2015）通过建立基于产业层面的经济增长研究框架，分析三次产业的劳动力要素配置对于经济发展的贡献，结果显示产业之间的劳动力要素的再配置对于经济增长仍有一定的推动作用。毛丰付和潘加顺（2012）根据我国的地级市数据，考察产业结构对于劳动生产率的影响，发现非农产业工业化水平与城市劳动生产率之间存在倒 U 型关系，目前来说工业化水平的提高对于经济发展的提升效应已经在缩减。曲玥（2010）通过测度我国制造业的 TFP 与劳动力的成本，研究结果显示，我国资本密集型的产业与劳动密集型产业相比，更加优化对劳动力要素的配置效率，因此未来我国制造业逐渐向资本密集型产业转型，对全要素生产率的提高存在显著的促进作用。

（2）产业结构调整对于两种生产要素的配置效率影响。刘元春（2003）通过测算包含劳动力要素与资本要素的产业结构产出弹性，结果发现二元经济结构转型带来资源配置效率提升对于经济发展质量有着较为突出的贡献。干春晖和郑若谷（2009）基于对三次产业资本存量的计算对我国产业结构演进与生产率之间的关系进行实证检验，结果发现三次产业间资本与劳动力两种要素的配置效率对于生产率的影响有一定的差异，其中，劳动力要素存在"结构红利"现象，而资本要素却不存在，且这种现象还存在着明显的阶段性特性，因此生产要素的高效率配置能够激发产业结构对于生产率的促进效应。目前这些研究的结果均表明产业结构调整对于资本配置效率和劳动配置效率存在不同的影响，因此，仍然无法判定其对于要素整体配置效率的作用究竟如何。

（3）产业结构调整对要素资源的整体配置效率影响。目前多数学者认为产业结构的优化调整会产生一定的"结构红利"，能够优化资源的配置效率。温杰和张建华（2010）通过测算我国产业结构调整过程中对于资源要素的再配置效应，结果发现产业结构的优化调整能够对要素资源的配置效率有着显著的促进作用，进而可以提高全要素生产率，推动经济发展。李小平和卢现祥（2007）通过实证检验我国制造业结构变动对生产率的影响效应，结果发现现阶段我国制造业的结构变动对于资源要素的配置效率并没有显著的促进作用，如何有效优化制造业的结构，对于提升生产率水平有着重要的影响。目前关于产业结构调整对于要素资源配置效率的影响研究，无法直接反映出其对于经济发展质量是否存在提升效应，因此亟须进一步拓展。

2. 产业结构调整对于经济增长质量的影响

当前学术界对于产业结构调整对经济增长质量的影响，主要存在两种不同的观点，具体概述如下：

（1）产业结构没有显著提升经济发展质量。郭克莎（1995）认为，产业结构片面的高级化阻碍了我国经济质量的提升，因此需加快推进产业结构的全面高级化。黄亮雄等（2012）通过构建我国省级产业结构调整指数，并使用空间面板模型进行实证研究，结果显示目前我国的产业结构调整存在"损人利己"的效应，也就是说促进了自身的绿色发展，但对其他地区的绿色发展造成破坏，因此需对产业调整进行合理布局。贺俊和范小敏（2014）基于内生增长模型，对我国省级面板数据进行实证研究，结果显示产业结构对于经济发展的影响存在区域一致性，其中第三产业的发展对于经济的促进作用在资源丰富地区要大于资源匮乏地区，因此要推动产业结构的转型升级，大力发展新兴服务产业，进而促进经济的高质量增长。傅元海等（2016）根据我国制造业行业的数据，使用 GMM 模型来实证检验，研究发现我国制造业结构的高度化对我国经济增长效率有明显的抑制作用，而合理化则对其存在显著的促进作用，因此要加快创新水平的提高来推动产业结构优化，最终促进经济增长的效率。赵新宇和万宇佳（2018）针对东北地区的城市数据，基于产业结构的高度化与合理化两个视角，对产业结构调整影响经济增长的效应进行检验，发现产业结构的高度化对经济发展存在负面效应，而合理化则对经济发展有着明显的促进作用。李子豪和毛军（2018）通过采用我国省级面板数据，并测算各地的绿色发展程度，通过实证研究发现，产业结构的工业化对于当地的绿色经济发展水平有着明显的抑制作用，因此应该引导产业结构进行有效的转型升级，进而提升区域经济的发展水平。张治栋和秦淑悦（2018）通过测算长江经济带的城市绿色发展效率值并进行空间计量分析，结果显示产业结构调整的高级化与合理化对本地绿色发展存在一定程度的推动作用，但是对周围城市的绿色发展却存在负外部性。

（2）产业结构的优化调整能提升经济增长质量。Peneder（2003）认为，产业结构的演进能够提高生产要素的配置效率，使其达到动态平衡，最终促进经济水平的提升。Shimada 等（2007）基于环境的库兹涅茨曲线，通过研究发现产业结构的优化调整可以促进创新水平的提升，进而能有效推动节能减排，最终促进经济发展质量的提升。Jin 和 Li（2013）在研究中指出，我国经济发展过程中造成生态环境恶化的主要原因在于缺少绿色技术创新，而通过对产业结构进行优化调整能够从根本上化解一定的环境压力，进而提升经济增长质量。韩永辉等（2015）利用我国省级面板数据，构建生态文明指数并进行实证研究，结果显示产业结构调整中的高级化与合理化对本地与外地的生态文明建设均有着较为显著的促进作用。冯志军等（2016）通过测度广东省的 GTFP 并将其进行分解，实证研究发现产业结构的优化调整能够正向推动广东省的绿色经济发展，因此应将产业结构的优化升级作为提升经济发展质量的重要战略部署。刘赢时等（2018）基于我国地级市的样本数据进行实证研究，结果发现我国产业结构的优化升级能够显著地促进城市 GTFP 的提升，并且发现这种提升效应存在区域异质性，其中东部地区的提升效应最为显著。武建新和胡建辉（2018）基于我国正处于经济转型新阶段的背景，采用省级面板数据对我国产业结构调整与经济的绿色发展进行实证检验，结果显示我国产业结构调整过程中的合理化与高级化对于我国经济的增长质量均有显著的推动效应。卫平和余奕杉（2018）基于我国地级市的样本数据，实证检验产业结构调整对城市经济效率的作用，结果发现产业结构的合理化能够明显提升城市的 TFP，而高级化对其的促进效应则存在城市规模的门槛效应，且这种结构红利的门槛值存在一定的区域性差异。谢婷婷和刘锦华（2019）通过对我国省级的样本数据进行空间计量分析，结果显示我国产业结构的优化升级对于经济质量的绿色提升有着显著的推动作用，且金融集聚对此提升效应有一定程度的增强作用，且这种提升效应存在明显的区域异质性。

五、文献述评

通过梳理关于供给侧结构性改革及其几个主要方面的文献，在供给侧结构性改革方面的研究，学者们多在探讨供给侧结构性改革的理论缘起、内涵以及提升经济发展质量路径选择等方面，目前来说还主要停留在比较浅层的概念性定性论述，缺乏对其的定量研究。

在产业结构优化升级方面，现有文献多在讨论影响产业结构优化升级的重要因素，如 FDI、金融发展、技术创新、财税政策等，且大多是单个因素的分析，缺少对供给侧改革的重要任务——产业结构优化升级的内在传导机制的研究。

在经济高质量发展方面的研究，现有研究多从经济高质量发展的内涵、指标选取及指标体系的构建、影响因素以及实现路径等方面来进行，尽管已经积累了一定的成果，但众说纷纭，还未形成统一的标准，且对于供给侧结构性改革提升经济质量的研究方面，目前学术界还缺少对内部机理的探讨以及定量分析。

整个供给侧结构性改革是一个复杂而庞大的课题，所以本书选取分工视角，引入分工潜力理论这一新理论，并把分工潜力理论和西部地区供给侧结构性改革结合起来讨论。在新古典经济增长模型对于经济增长的研究是以资本积累为逻辑起点的，而资本增加的因素主要是储蓄，且储蓄可以转化为投资，进而推动经济的发展。美国经济在 20 世纪 70 年代出现了经济停滞与通货膨胀并存的滞胀情况，刺激投资需求的政策反而加重了经济萧条的程度，而对于如今的中国来说，投资对经济增长的边际效应也已明显减弱，而问题的症结就在于目前我国经济存在着结构性矛盾。在亚当·斯密、马克思等学者研究成果的基础之上，杨小凯提出了新兴古典经济学，他认为，如果投资仅仅是投资于教育、科研或物质资产品上，而没有被用来提高分工水平和发展分工模式，则不能带来生产力的显著提高。因此，资本投资的关键应该是其能带来怎样的分工模式与水平，而不是储蓄与投资的数量（杨小凯，2003）。这也就是说，那些具有较大的分工潜力且能进一步提升社会分工水平的领域应该是目前重点关注的投资领域。这就是本书的逻辑起点。

本书基于全国供给侧结构性改革的大背景，以西部地区为切入点，结合西部地区供给侧结构性改革的现状及其产业结构的演变，参照新古典及新兴古典关于分工经济学的研究，基于供给侧结构性改革的四个基本问题"生产多少、生产什么、怎样生产、为谁生产"，首先，从劳动专业化、专业多样化、生产迂回化和经济组织化四个视角厘清分工与供给侧结构性改革的内在关系。其次，构建了基于分工潜力理论的供给侧结构性改革分析框架。继而本书进一步构建供给侧结构性改革演进的理论模型，同时进行超边际分析和一般均衡比较静态分析，来探讨供给侧结构性改革的演化机制及其对经济增长的作用。最后，本书使用西部地区多个地级市多年的面板数据来进行实证检验。为此，本书富含理论和现实意义。

第二节　分工潜力与供给侧结构性改革的理论分析框架

一、斯密—杨格定理与理论基准

（一）斯密—杨格定理：分工受市场范围限制

亚当·斯密指出，"分工的产生是由于人类交换能力的提升，因此分工的发展及其所能达到的水平会受到市场交换能力大小的影响，即分工水平会受到市场范围的限制"（亚当·斯密，1776）。进一步地，市场广狭又会受制于以下两个方面：一是市场覆盖的人口规模与集中程度。斯密认为，"有些业务，哪怕是最普通的业务，也只能在大都市经营"。二是交通运输的便利性、安全性。斯密指出，随着水运的发展，它可以对接五湖四海的消费者和生产者，因此其开拓的市场远远大于陆运，进而绝大多数产业形态的分工演进都源于沿海沿河或者沿湖地区。（亚当·斯密，1776）。理论界把"分工受制于市场范围"称为斯密定理，杨格将其视为"在全部经济学文献中是最有阐释力并富有成果的普遍原理之一"（Young，1928）。而杨格（1928）在斯密定理的基础上进一步指出，"除了分工会受到市场范围的限制，反过来，市场范围又会受到分工的影响"。因此分工取决于分工，这其中蕴含着动态演进的报酬递增过程，经济发展往往也伴随于此。

（二）理论基准：自给自足的最优产出不会超越温饱水平

继而，基于斯密定理和斯密—杨格定理，并参照向国成、谌亭颖和钟世虎等（2017）的研究，我们给出关于温饱水平的理论界定：满足当下"衣暖食饱"的需要，且略有储备。根据历史经验，在自给自足条件下，即使其他生产资源是无限的，由于劳动时间稀缺，能够自己提供的产品种类数仍然非常有限，产品多样化达不到富裕程度，主要是解决温饱问题。就生产一种产品而言，我们考察在自给自足条件下，一定时期内（如一年）的最优产出水平会不会超过温饱水平。

假设：①其他生产资源无限可用，但劳动时间稀缺。这样就可以把产出视为只是劳动投入的函数，且规模报酬不变。②效用函数的规模报酬不变，进行两期的生产和消费，时间价值的贴现率为 r。因此，对第二期消费和闲暇需要进行效用贴现。③每个人消费粮食这一种产品，第一期消费量必须大于等于最低生存条件（用 x_0 表示），超过部分可以延期到第二期消费。④只生产粮食一种产品，每期满足温饱水平的粮食（用 x 表示），既可以当期生产，也可以在第一期全部生产出来。如果是后者，用于第二期消费的粮食存在变质浪费问题，就需要考虑损耗系数 γ（0<γ<1）。因此，第一期生产用于第二期消费的粮食（用 x′ 表示）就要大于 x，但扣除损耗（设损耗系数为 γ）后，两者相等（$(1-\gamma)x' = x$）。生产 x 的劳动量用 l_x 表示，生产 x′ 的劳动量用 $l_{x'}$ 表示，且 $l_{x'} > l_x$。⑤闲暇用 y_i 表示（i 代表第一、第二期），是时间（h）和劳动（L_x）的函数。效用函数、闲暇函数、生产函数如下：

$$U = u_1 + u_2 \qquad\qquad （总效用函数）$$

$$u_1 = x^\alpha y_1^{1-\alpha} \qquad\qquad （第一期效用函数）$$

$$u_2 = \frac{x^\alpha y_2^{1-\alpha}}{1+r} \qquad\qquad （第二期效用函数）$$

$$x = l_x、\ x' = l_{x'} \qquad\qquad\qquad （生产函数）$$

$$y_i = h - L_x；\ L_x = \begin{cases} l_x & 当期生产当期粮食的劳动时间 \\ l_x + l_{x'} & 第一期生产两期粮食的劳动时间 \end{cases} \qquad （闲暇函数）$$

由以上函数，可以得到每期满足温饱水平的粮食（x）在当期生产（U_1）和在第一期全部生产出来（U_2）两种生产结构的总贴现效用水平。

$$U_1 = x^\alpha（h - l_x）^{1-\alpha} + \frac{x^\alpha（h - l_x）^{1-\alpha}}{1+r}$$

$$U_2 = x^\alpha（h - l_x - l_{x'}）^{1-\alpha} + \frac{x^\alpha h^{1-\alpha}}{1+r}$$

比较 U_1 与 U_2，当第一期的最低消费量不低于 $x_0 = \dfrac{h\left[（1+r）^\alpha \lambda - 1\right]}{（1+r）^\alpha（1+\lambda）}$，且粮食损耗系数范围为 $1 > \gamma > \left(\dfrac{1}{1+r}\right)^\alpha$ 时，前者始终大于后者，即每期只生产满足当期温饱水平的粮食量。其中的道理是，第一期把两期消费的粮食全部生产出来，由于存在粮食损耗系数，耗费更多的劳动时间（$l_{x'}$）才能得到第二期温饱水平的粮食消费量（x），同时减少了两期闲暇总时间（$l_{x'} - l_x > 0$），导致总效用水平下降。

综上所述，在自给自足条件下，一方面，能够提供的产品种类数非常有限；另一方面，即使全部劳动时间可用于生产一种产品，在最低生存条件和损耗系数约束下，其最优产出水平也只是满足当期温饱需要。这一答案与自然经济的发展历史基本吻合。将其上升到理论基准的高度，有利于找到发展方向：要超越温饱，迈向共同富裕，分工发展是必由之路。例如，在过去多年的扶贫工作中，"输血"式扶贫应该说成效不小，但离社会的目标要求还有不少距离，原因就在于这种扶贫方式本质上是一种自给自足式扶贫，充其量只能解决当下的温饱问题，不能解决小康富裕问题。从现实来讲，当前精准扶贫的目标是富裕的小康水平，扶贫方式就应该主要采取分工式扶贫，把贫困人口纳入更广阔的分工体系中来，找准了分工位置，哪怕只提供一种满足社会需要的产品或服务，就可能变得富裕！

早在 240 多年前，亚当·斯密（1776）就指出，"分工导致普遍富裕"的基本命题："在一个政治修明（A Well-governed）的人类社会中，如果说有某一种方法能够使得处于社会层阶最低级的人都实现共同富裕（Common Prosperity），那就是需要全社会各个行业都能够达到或者接近完全分工状态，进而推动各行各业的产量产值急剧上升而带来的结果。在这样的状态下，卷入分工链条的各行各业的各个劳动者所生产的产品除了用来自给的部分，还有大量的剩余产品可以用来在市场上出售，以换取其他自己所需要的产品或服务，进而使社会各行各业的各个劳动者都能够获得自己所需要的产品或服务，从而实现共同富裕"（亚当·斯密，1776）①。这段话包含了三层含义：政治修明是普遍富裕的重要条件，我们把政治修明拓展理解为正义秩序；分工导致各行各业财富总量的增长，这是普遍富裕的经济基础；每个劳动者都充分就业和充分供给，并通过产物交换实现普遍富裕。在《国富论》中，亚当·斯密用较大篇幅论述了工资、利润、地租、君主收入等与普遍富裕密切相关的分配问题。

梳理经济思想史，就会发现新古典经济学几乎忽视了"分工导致普遍富裕"的斯密命题，正如斯蒂格勒所说："无论是过去还是现在，几乎没有人运用分工理论。"（Stigler，1976）只是到了 2008 年世界性金融危机爆发后，才有少数学者认识到"普遍富裕"在《国富论》中的重要地位，托尼（Tony，2009）在 2009 年欧洲经济思想史联合会和澳大利亚经济思想史联合会会议上，宣读了题为"普遍富裕：斯密论技术进步和真实工资"的论文，指出普遍富裕构成《国富论》这一史诗巨著之关键。《国富论》实质是关于普遍富裕的理论。

二、分工潜力与供给侧结构性改革的内在关系

自亚当·斯密确立分工在经济学中的核心地位以来，分工在经济学中的地位变化经历了好比"否定之否定"的发展过程。马歇尔之后，分工几乎淡出了主流经济学的视野，但到 20 世纪 80 年代，以报酬递增为核心的新增长理论，揭示了分工是报酬递增的重要源泉；新制度经济学重新把经济组织纳入了经济学的研

---

① 共同富裕也可以翻译为"Universal Opulence"，本书在内涵无差异上交替使用这两个词。

究视野，而组织总是离不开分工；与分工及其结构变化相联系的角点最优解的求解方法——"库恩—塔克定理"这一数学工具是在 20 世纪 50 年代发展起来的。在这一历史背景下，重新突出分工及相关理论在经济学中的重要性就有其必然意义。为此，杨小凯和黄有光（Yang and Ng，1993，2003）由经典的劳动分工理论出发，运用超边际分析方法构建起新兴古典经济学框架（或称为超边际经济学）。超边际经济学是一个以分工为核心范畴、以分工演化为主线、以报酬递增和超边际分析为主要特征，在一般均衡框架下，在专业化经济与交易费用等一系列两难冲突折中形成的经济学理论体系（向国成和韩绍凤，2007）。它不仅复活了古典经济学的分工思想，而且在吸收现代经济学思想基础上，对分工经济理论乃至整个经济学体系做出了重大贡献。

之所以可以从分工这个理论范畴探讨供给侧结构性改革，关键是立足于分工范畴能否回答"生产多少、生产什么、怎样生产、为谁生产"这四个与供给侧结构性改革相关的基本问题。这又取决于对分工内涵的界定。对分工内涵的一般性界定是"按不同技能或社会要求分别做各不相同而又互相补充的工作"，"把经济系统中的任务分开以便参与者能够专业化"。这些界定仅基于微观直觉，只突出了劳动专业化这一个方面（尽管这是最基础的方面）。根据超边际经济学理论，向国成和韩绍凤（2007）从宏观结构上把分工界定为劳动专业化、专业多样化、生产迂回化和经济组织化的统一。分工与供给侧结构性改革的关系见图 2-1（向国成和李真子，2016）。

（一）劳动专业化：生产多少

劳动专业化水平衡量的是劳动主体从事的职业数量的多寡。一个劳动者如果将其自身资源充分利用，且其从事职业数量越少，就表明这个劳动者具有越高的专业化水平。而当整个社会中至少有一个劳动者专业化水平提升，且其他劳动者的专业化水平都不降低，就表明这个社会的专业化水平得到了提升。总体来说，由于劳动的专业化能够进一步通过规模效应（即专业化集聚带来的规模扩大）和熟能生巧效应（或者称为干中学），来推动劳动生产率的提升，因此其对社会经济有诸多益处，能够较好地解释社会生产中"生产多少"的问题。

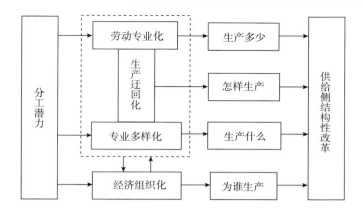

图 2-1　分工潜力与供给侧结构性改革的关系

（二）专业多样化：生产什么

专业多样化是指在一个社会经济体中，要生产多少种类的产品，细化而言，又包括通过什么方式来生产，它反映的是社会生产中"生产什么"的问题。一个地区或国家的专业多样化，既可以自力更生而得，也可以通过交换获得。如果通过交换，即扩展市场范围，有利于扩大参与交易的总人口和市场需求总量，进而通过市场规模化降低单位产品的生产成本和研发成本（Grossman and Helpman，1993）；如果自力更生，给定其他条件不变（包括就业人数），一个国家一定时期内产品产业的种类越多，越有助于把之前不再分工体系的经济人卷入分工之中，进而使新加入分工体系的经济人的效用得到提升，因而缩小全社会收入差距（韩绍凤、向国成和汪金成，2007）。此外，多样化有利于增强经济增长的持续性与稳定性。

分工包含了两个最基本的方面，即劳动专业化和专业多样化。如果一个社会中所有劳动者的专业化水平都处于较高的程度，但相对缺乏专业多样化，则不能发生有效市场交易，每个经济人都无法从市场获得其所需要的产品或服务，满足其多样化需求，因此不能说这个社会存在分工，反之亦然。所以，从宏观结构上来看，只讲劳动专业化，或者只讲专业多样化，分工都不成立，这就是从微观直觉上把分工等同于专业化的局限性。

（三）生产迂回化：怎样生产

虽然很多时候劳动专业化和专业多样化同时存在，但是这对于分工而言还远远不够，生产迂回化也必不可少。生产迂回化是在间接的生产方式出现后逐渐发展起来的，指的是通过中间品投入（包括生产技术、生产要素等）和生产链条的延长来生产最终品（或者称为消费品），被认为是工业革命以来的主要分工经济形态（Young，1928）。其促进经济增长的内在机理有三个：一是中间品的投入种类数（包括生产技术的类型和生产要素的种类等）的增加会使下游生产者生产的产品的效率得到提升；二是中间品的投入量的增加会使下游生产者生产的产品的效率得到提升；三是生产链条的数量的增加会使下游生产者生产的产品的效率得到提升（杨小凯，2003）。如果没有迂回生产，不借助中间投入品，最终产品生产效率就可能处于很低的水平，进而也就不会有劳动力能够生产出剩余产品，换句话说，劳动者不具备产生市场交换的生产能力，进而交换就无从谈起，分工或市场分工也不会存在。庞巴维克认为，迂回的生产方式能够在付出同等劳动的条件下获得更多的成果，或者同等的成果能够以更少的劳动来获得。（庞巴维克，1889）。生产迂回化对应的是经济学中怎样生产的问题。

（四）经济组织化：为谁生产

可以将劳动专业化、专业多样化、生产迂回化看作是生产力的方面。随着这些方面的发展，势必产生人与人之间的组织问题。可以将经济组织化看作是生产关系的方面。理论界一般把经济组织化理解为团队化、科层化不同，经济组织化是指社会中的经济人通过有效分工（包括横向分工扩展和纵向分工深化）形成一个彼此独立，但又紧密联系的各种各样的组织，并且这些组织相互依赖，构成一个有机整体，这是与封闭、孤立、缺乏联系的自然经济相对立的，是对自然经济状态的否定与超越（向国成和韩绍凤，2007）。一般认为，组织化由两个基本方面构成，组织的团队化和市场化，这两个方面形成了对立统一、相互依赖、相互促进的局面。科斯认为："企业是市场的替代物。"（Coase，1937）将这一思想一般化后，可以认为当两个及以上存在市场联系的经济主体可以组成一个团队并可以将市场关系进行内部化，也就是团队化成为了市场化的替代。同时，我们也发现，当缺乏团队化及内部分工时，一些经济主体也难以进入市场，进而无法与市场上的其他主体建立联系，整体的市场化就会受到很大限制。因此，可以得出结论，即团队化不仅只是市场化的替代，同时也是发展市场的重要工具。丹尼尔·F. 斯普尔伯（Spulber，1999）基于中间层模型，提出并完整地阐述了"厂商是协调消费者与供应商的市场制造者"的观点，这其中就包含了团队是发展市场工具的思想。具体而言，所有权、货币、保险、合同、城市、产业布局等，都是实现组织化的社会工具或载体。

因此，以分工理论为核心，供给侧结构性改革的四个基本方面"生产多少、生产什么、怎样生产、为谁生产"，便能够在劳动专业化、专业多样化、生产迂回化、经济组织化的分工范畴下展开更加深入的研究工作。

三、基于分工潜力的供给侧结构性改革分析框架

杨格（Young，1928）在其《报酬递增与经济进步》一书中，对斯密定理做出了重要发展。他把市场范围（The Extent of the Market）作了扩展性理解，用市场规模（The Size of the Market）一词，或者在市场规模的含义上理解市场范围。在斯密那里，市场范围主要与人口规模有关，而市场规模不是单纯的面积或人口，而是购买力，即"吸收大量年产出的能力"。这又与生产力及收入水平相联系，而生产力水平取决于分工水平。因此，杨格说："分工取决于市场规模，而市场规模又取决于分工"（Young，1928）。这就是著名的"斯密—杨格定理"。斯密定理的本质是需求决定分工水平，进而决定供给总量与种类，而杨格看到了分工水平决定供给进而决定需求的内在逻辑。因此，"斯密—杨格定理"绝不是同义反复，而是分工的两个侧面——供给和需求之间累进的因果循环关系，"萨伊定律"与凯恩斯需求理论都包含其中，但不可偏废！

根据新古典经济学关于经济增长的理论，只需要将储蓄转变为投资则必然会推动经济体的经济发展和增长。但是回归到20世纪70年代的美国，诱导投资增加的方式好像并没有对经济增长产生实际效果，而类似的情况在如今的中国也在不断地上演，投资对国民经济拉动的边际效用正在快速降低。对现实的解释中，

凯恩斯主义理论认为，决定刺激需求的政策是否有效，依赖于现实生产力是否达到最优生产力水平，也就是是否达到充分就业时的生产力水平。我们认为这种解释的逻辑中忽略了有效需求与分工潜力及其生产力水平的关系，进而有失偏颇。为了更清楚地阐释这一观点，我们假设一种极端情况：一个国家只存在一种产业，并且这种产业已经发展得十分成熟，此时，即使现实生产力远低于潜在生产力，采取刺激需求的手段也很难获得成效。这是因为这种手段并不能让人们看到未来社会的发展潜力，进而也难以激发整个社会的需求潜力。在这种情况下一旦采取刺激需求的手段，反而还会导致流动性偏好，促使人们将手中多余的钱投入到虚拟经济中，但这显然无法对实体经济产生刺激，更无法拉动经济增长。

综合以上论述，我们可以绘出供给侧结构性改革的经济学理论分析框架（见图 2-2），由共同富裕及市场规模、分工水平、生产力水平和政府四大部分组成。关于共同富裕，我们认为，如果一定市场范围（一国或地区）内的人口，整体收入水平比较高，贫富差距不太大，就代表共同富裕。其中，之所以强调市场范围，是因为没有纳入市场范围的人口，处于自给自足状态，不会超越温饱水平，无富裕可言。因此，要使一国或地区共同富裕，就要把该国家或地区的人口全部纳入市场范围，这就要求形成覆盖全域的统一市场体系。

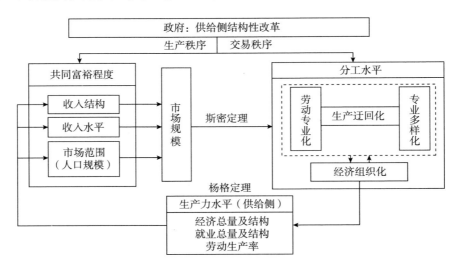

图 2-2　基于分工潜力的供给侧结构性改革分析框架

一国或地区的共同富裕程度决定了该国或地区的市场规模，构成分工的需求侧；市场规模决定社会的分工水平；分工水平决定生产力水平，如经济总量及结构、就业总量及结构和劳动生产率等，构成分工的供给侧；生产力水平又决定市场范围、收入水平和收入结构等，即共同富裕程度。这样，就形成一个循环累积的因果链条。

在上述链条上，任何一个环节、方面的改善都将促进共同富裕，政府可以通过提供良好的生产秩序和交易秩序来进行供给侧结构性改革。具体而言：首先，就生产秩序而言。正常开展生产生活活动是社会制度变迁乃至经济发展的基准，如果牺牲了生产秩序，这会对劳动者的积极性造成沉重打言，还会使社会处于动荡不安的状态，进而无论是在微观或是宏观层面上，在短期或长期中，整个社会的效率将会消失殆尽（朱有志和向国成，1997）。其次，交易秩序。良好的交易秩序促进经济发展已为"西方世界的兴起"所证实（North and Thomas，1970）。而一个社会良好的交易秩序，例如，良好的社会信用制度、发达的交通网络基础设施、安全的经济活动环境、自由择业与迁徙等，这些都是政府可以有效发挥作用的领域。

第三节　本章小结

本章主要对供给侧结构性改革的两个重要方面进行梳理：首先，对产业结构优化与经济高质量发展的现有文献进行梳理，发现目前学术界对于供给侧结构性改革的研究还主要停留在比较浅层的概念性定性论述，缺乏对其的定量研究；其次，在产业结构优化升级方面，缺少对供给侧改革的重要任务——产业结构优化升级的内在传导机制的研究；最后，在经济高质量发展方面，对其指标体系的构建还未形成统一的标准，且对于供给侧结构性改革提升经济质量的研究方面，目前学术界还缺少对内部机理的探讨以及定量分析。

同时，本章以分工理论为核心，厘清分工潜力与供给侧结构性改革的内在关系，从供给侧结构性改革的四个基本方面"生产多少、生产什么、怎样生产、为谁生产"，构建了分工潜力与供给侧结构性改革的理论分析框架，为下文的分析研究奠定相关的理论基础。

第三章　分工潜力与供给侧结构性改革：
理论模型与超边际均衡分析

基于前三章的分析，我们可以发现：从分工潜力出发，可以从劳动专业化、专业多样化、生产迂回化、经济组织化四个维度来考察供给侧结构性改革的演化及其对经济增长的作用。由于经济组织化并不给消费者带来直接效应，而是最终体现在产品生产效率上，为了使描述与模型简化，本章将从劳动专业化、专业多样化和生产迂回化发展来直观描述分工是怎样促进人们效用的帕累托改进。综观已有研究，至今还没有揭示供给侧结构性改革演进及其经济效应的正式数理模型，本章将弥补这一方面的不足，将构建供给侧结构性改革演进的理论模型，这对于分析探讨供给侧结构性改革的相关研究具有理论补充意义，同时对于探讨供给侧结构性改革的实施及推进也有实践借鉴价值。本章剩余部分组织如下：首先是研究方法的对比分析；其次是基于新兴古典经济学的理论模型构建与超边际均衡分析；最后是结论。

第一节　新兴古典经济学与新古典经济学的比较

新兴古典经济学是指杨小凯和黄有光（2003）等创立的新兴古典经济学体

系。这是一个以分工为核心范畴，以分工演化为主线，以报酬递增、网络生产力和超边际分析为主要特征，在一般均衡框架下，在专业化经济与交易费用等一系列两难冲突折中形成的经济学理论体系（向国成等，2017）。

一、消费者与生产者的身份

新兴古典框架中没有纯消费者与生产者事前的绝对分离，假设每个人事先既是生产者又是消费者，与分享经济中消费者与生产者身份融合的情形吻合。而新古典经济学以生产者与消费者的身份绝对分离为基础。

图3-1是在新古典经济学教科书中经常看到的经济流量循环图，要素所有者（即消费者）提供生产要素给产品生产者（即企业），生产者把产品生产出来后又卖给要素所有者，生产者不消费，消费者不生产，价值创造只在图3-1左边的生产方进行。图3-2给出了现代经济的流量循环图，与新古典流量图比较，相似的是图3-2的左右边方框分别代表要素所有者与产品生产者，要素所有者通过平台把生产要素提供给产品生产者，生产者通过平台把生产出来的产品卖给要素所有者；区别有三个方面：一是过去的要素所有者即消费者不提供产品与服务，而在现代经济中，通过平台，消费者之间可以相互提供产品与服务，充当生产者角色；二是过去的产品生产者不提供生产要素，而在现代经济中，通过平台，生产者之间可以相互提供生产要素（如过剩设备及生产能力），充当要素所有者角色；

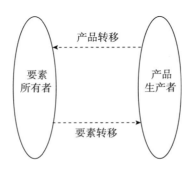

图3-1 新古典经济流量

三是过去价值创造只在生产方进行，而在现代经济中，也可以在消费方进行。所以，现代经济中消费者与生产者身份的融合对新古典经济理论"消费者与生产者绝对分离"假设提出了挑战。

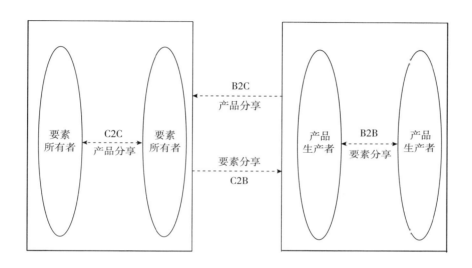

图 3-2 现代经济流量

而新兴古典经济学的假设之一就是每个人事先既是生产者又是消费者，这正切合了现代经济中消费者与生产者身份融合的实际情况。正是这种身份的变换与融合，蕴藏了经济发展的重要意义。例如，从一个时期来看，一个人买了房屋，这个房屋实现了一次价值，然后，在该时期内房屋所有者把多余的一间房子用于出租，又创造了一次价值。在出租房子这个时点上，房屋所有者既是消费者，又充当了房屋生产者或提供者的角色。把所有这些时点相加（积分）就可以得到一个时期的财富总量。正是这种消费者与生产者身份的转换与融合，使总价值等于房屋买卖价值加上房间出租价值，使财富总量增加。

二、市场交易成本

在新兴古典框架中，交易成本是影响社会分工与合作秩序及方式的重要因素，即对经济组织均衡的演进具有重要意义，而在新古典经济学中则可能没有这种含义。交易成本则恰恰是揭示现代经济发展机理的重要基础。

正是由于新古典经济学假设生产者（企业）与消费者绝对分离，消费者就不能选择他们的自给自足水平，消费者与生产者之间必须交换，否则，消费者就不能生存，生产者就不能生产。所以，市场与企业等组织是外生给定的。既然市场与企业事先都存在了，也就不需要交易成本这一影响组织选择的因素。新兴古典经济学之所以能够把交易成本纳入分析框架，是因为它假设每个人既是生产者又是消费者，可以自给自足，分工及其组织形式不是外生给定的，而需要内生出来。自给自足的好处是没有交易进而没有交易成本，但坏处是每种产品的劳动生产率都会很低；分工的好处是利用专业化提高劳动生产率，坏处是因交易而产生交易成本。这种两难冲突的折中决定了要不要分工以及分工水平的高低。一旦有了分工，就会引起社会经济组织演化，包括市场、企业、战略联盟在内的各种组织形式就产生了。交易成本（对立面即交易效率）是从自给自足到分工结构演化的重要决定因素，对社会分工与合作秩序及方式的选择与演进具有重要意义。

三、规模报酬

在新兴古典框架中，用专业化经济和分工网络效应来描述生产条件，一般均衡可以建立在报酬递增基础之上，而网络效应与报酬递增正是现代经济呈现出极大发展潜力的根源所在。但在新古典经济学中，却是用规模经济来描述生产条件，一般均衡普遍建立在报酬递减基础之上。

假设有两个企业各需要 1 个单位劳动来生产不同产品（分别生产食品和衣服），有完全相同的甲、乙两个人各拥有 1 个单位劳动，他们既可以各自把 0.5 个劳动单位分别卖给这两个企业，进行非专业化生产，也可以将自己的 1 个劳动单位卖给其中一个企业，进行专业化生产。前者是非专业化的组织结构，后者是专业化的组织结构。根据新古典规模经济的概念，投入资源条件相同，这两种模式的生产率应该是一样的，如图 3-3 所示中的 ACB 曲线。但是，根据亚当·斯密专业化获得学习与创新效应进而提高劳动生产率的专业化经济概念，有专业化的模式将会产生一个更高的生产效率。ACB 也代表没有专业化分工的生产转换曲线，代表较低的生产力水平，ADB 代表有专业化分工的生产转换曲线，代表较高的生产力水平。C 和 D 分别代表无差异曲线与生产转换曲线相切的帕累托最优，表明这两种结构的生产力和财富总水平完全不同。如果 C 点是起点，这时不断改进交易效率，即使资源条件不变，提高社会的专业化分工水平，一般均衡和帕累托最优可以从较低的潜在生产力水平向更高的潜在生产力水平靠近（如图3-3 所示中由 C 点到 D 点）。然而，在新古典经济学中，仅用规模经济描述生产力条件，一旦实现帕累托最优（如在 C 点位置），则生产力没有再改进的余地。闲置资源的再资本化（如闲置房间、汽车的租赁）是互联网经济时代中的重要话题。我们认为这本质上就是在不改变资源条件下（如已经存在的房屋与汽车总量），通过分工与组织结构的改变（如平台商的出现），超越时空、所有权、隶属关系等限制，更加充分地利用闲置资源（如存在房间、汽车、技术等方面的闲置），提高分工网络生产力，增加财富总量。也就是说，如果没有平台商等机构的出现来改变分工与组织结构，就不能充分利用闲置资源，生产力水平和财富总量就可能处于生产转换曲线 ACB 的 C 点状态；而平台商一旦出现，改变了社会分工与组织结构，即使资源条件没有变，但能够更加充分利用闲置资源，就可能使生产力水平和财富总量达到生产转换曲线 ADB 的 D 点状态。

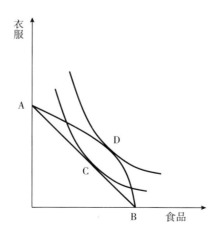

图 3-3　生产转换曲线

新兴古典均衡与新古典均衡另一个不同是前者建立在报酬递增基础上，后者一般建立在报酬递减基础上。根据熊彼特的总结，报酬递增包含两种情况。一种如图3-4所示中A、B两条生产曲线所显示的，是指在技术不变的条件下，与边际报酬递减相对应的报酬递增。如在a、b两点之前，曲线的斜率上升，要素报酬递增。另一种是"历史的报酬递增"，即约束条件（如技术、制度等）变化带来的要素报酬的增加，即曲线从A移到B。如果技术和组织条件始终不变，生产最终会进入报酬递减阶段，形成均衡，在这个意义上新古典均衡是适当的。但在动态竞争过程中，技术和组织条件是变化的，在报酬递增阶段就可能出现产品迭代（如软件产品的快速迭代），也就是说产品生产不一定到边际报酬递减阶段，而是可能不断处于报酬递增阶段，如在达到曲线A的转折点a点之前就跳到曲线B，在新曲线的转折点b之前生产。这在信息时代表现比较突出，在互联网经济时代体现出极大的报酬递增潜力。那么，在报酬递增情况下，市场均衡存在吗？如果只看到生产方的报酬递增，均衡确实不存在，但是把需求、交易和交易成本结合起来，交易成本对报酬递增起对冲作用，这时市场均衡是存在的，孙广振、周林和杨小凯（2004）证明了分工与专业化报酬递增情况下一般均衡的存在性。

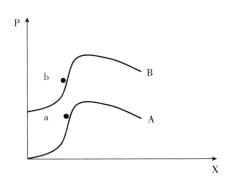

图3-4 生产曲线

综上所述，由于新兴古典分析框架假设每个人既是生产者又是消费者，用专业化经济与分工网络效应表征生产条件，有机融入交易成本，切合现代经济的消费者与生产者身份融合、报酬递增、网络效应等特征，具有纳入不同研究视角（如信息对称性、交易成本、产权、知识经济等视角）的包容性，是北新古典经济学更适合分析供给侧结构性改革的理论框架。

第二节　模型构建与超边际一般均衡分析

一、直观描述

假定一个经济体中有三种类型的消费者—生产者，开始时三类消费者—生产者均只生产和消费满足其日常需要的两种类型的产品，如衣服（用数字 1 代表）和粮食（用数字 2 代表），在形成社会分工网络之前，每个消费者—生产者所需的产品都只能通过自己生产获得，即自给自足状态，此时消费者—生产者所处的经济结构就如图 3-5 所示。处于此类结构的经济体，没有形成任何分工网络，也不存在社会需求或供给，整个经济体被分割为没有任何经济往来的三部分（消费者—生产者 A、B 与 C），各个部分的消费者—生产者的专业化水平都非常低，从而生产率都很低，但完全没有交易及由此产生的交易费用。但是，随着人类社会的演进，人与人的联系与交往越来越多，交易成本逐步降低，交易效率逐步提高，社会分工开始出现，例如，A、B 两类消费者—生产者之间进行分工，分别生产衣服和粮食，而生产者—消费者 C 处于自给自足状态，经济体所处的经济结构就如图 3-6 所示。处于此类结构的经济体，开始形成了局部分工网络（A、B 两类消费者—生产者分工链条的达成），社会需求和供给开始出现，消费者—生产者 A 专业化生产衣服并从市场购入粮食，消费者—生产者 B 专业化生产粮食并从市场购入衣服。因此，整个经济体此时包含两个部分互通有无的消费者—生产者 A 与 B，以及自给自足的消费者—生产者 C，消费者—生产者 A 与 B 的专业化水平得到了极大的提高，均只专业化生产一种产品衣服或粮食，同时消费者—

生产者 C 的专业化水平又没有降低，因此经济体的专业化水平得到了提高，进而生产率也得以提升。同时，这种结构产生了交易费用，也在社会人群中形成卷入分工和非卷入分工的二元经济结构及相应的收入差距。这时，如果生产者—消费者 C 通过创新生产某类中间产品（如纺织机器），与 A、B 两类消费者—生产者进行交换，从而将自己纳入社会分工体系，进而社会步入完全分工状态，经济结构如图 3-7 所示。处于此类结构的经济体，形成了完成分工网络（消费者—生产者 A 与 B、消费者—生产者 B 与 C 以及消费者—生产者 C 的分工链条的达成），社会需求和供给逐步扩大，消费者—生产者 A 专业化生产衣服并从市场购入纺织机器和粮食，消费者—生产者 B 专业化生产粮食并从市场购入衣服，消费者—生产者 C 专业化生产纺织机器，并从市场购入粮食和衣服。因此，整个经济体此时包含互通有无的消费者—生产者 A、B 与 C，消费者—生产者 A、B 与 C 的专业化水平得到了极大的提高，均只专业化生产一种产品衣服、粮食或纺织机器，因此经济体的专业化水平得到了极大的提高，因此生产率也得以提升。同时，由于未被卷入分工网络的消费者—生产者 C 以中间品生产商的身份得以加入了分工网络，因此，二元经济结构导致的收入差距也逐步消失。

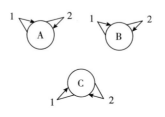

图 3-5　自给自

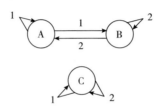

图 3-6　局部分

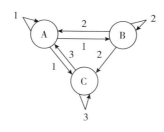

图 3-7　完全分

二、理论模型

为了将上述直观描述一般化，本书首先对"斯密—杨格定理"及相关观点作简要回顾。亚当·斯密指出，"分工的产生是由于人类交换能力的提升，因此分工的发展及其所能达到的水平会受到市场交换能力大小，即市场范围的影响"（亚当·斯密，1776）。而杨格（1928）在斯密定理的基础上进一步指出，"除了分工会受到市场范围的限制，反过来，市场范围又会受到分工的影响"。因此分工取决于分工，这其中蕴含着动态演进的报酬递增过程，经济发展往往也伴随于此。

因此，本书基于分工的动态演进（斯密，1776；杨格，1928），从人类社会演进的历史起点自给自足经济出发，构建一个新兴古典理论模型，形式化劳动专业化、专业多样化、生产迂回化和经济组织化的演进，并使用超边际决策分析、角点均衡分析和比较静态分析等方法，来研究各类消费者—生产者的最优决策的达成及其内生的各种经济变量的变动，进而从劳动专业化、专业多样化、生产迂回化和经济组织化四个维度来揭示供给侧结构性改革的演进机理及其对经济增长的作用。

本书假设在一个横跨两个时期的经济体中[①]，包含 M 个初始禀赋一致的消费者—生产者，如前文所述，他们（或她们）生产并消费两种满足其基本生存需要

---

① 类似地，将时期扩展到三个、四个或 N 个时期不会改变本书的结论，为了简化计算，参照已有研究，本书考察两个时期。

的产品，衣服（X）和粮食（Y）。消费者—生产者既可以只使用劳动要素（l）来生产衣服（X），也可以使用劳动要素（l）和资本品要素"纺织机器（Z）"来生产衣服（X）。这两者生产方式的不同，主要在于迂回程度的差异。庞巴维克（1889）指出，在生产中通过先生产资本品（或者称为中间品），再用中间品去生产消费品的方式，叫作"迂回生产"；并且这种"迂回生产"方式可以通过分工的深化来提高生产效率。实质上，资本品和消费品的最大差别在于，资本品不能直接产生效用，例如，纺织机器（Z）需要通过扩展消费品衣服（X）的生产链条，来实现价值增值（庞巴维克，1889）。因此，对于资本品纺织机器（Z）生产者而言，不存在生产纺织机器（Z），并自己使用的问题。

类似地，我们假设，消费者—生产者可以只使用劳动要素（l）来生产粮食（Y）和资本品纺织机器（Z）。但由于生产纺织机器（Z）的工艺难度较高，技术含量更强，因此所需生产纺织机器（Z）的固定学习成本相对会更高。此外，根据向国成等（2017）和钟世虎等（2020）的相关研究，人类的生产活动和交易活动的正常展开都需要依托一定的秩序服务（W），秩序服务包括生产秩序服务和交易秩序服务两种。在自给自足的情况下，生产秩序服务也是需要自给自足的，因为它是维持人类生产活动正常开展的基础，例如，捕猎时代要防范其他人抢夺自己已经获得的猎物；交易秩序服务则是指维护市场交易正常进行的社会规则或制度的总和，它伴随市场交易的出现而产生。同样地，秩序服务（W）的生产也需要使用劳动要素（l）。

基于上述所述，基准模型构建如下：

消费者—生产者的效用函数为[①]：

$$U_i = [x_i^0 + k_1 x_i^d][y_t^0 + k_2 y_t^d][w_t^0 + k_3 w_t^d], \quad i = 1, 2 \tag{3-1}$$

其中，$i=1$ 时，U_1 表示消费者在第一期的所获得的效用；$i=2$ 时，U_2 表示消费者在第二期的所获得效用。进而不妨假设消费者—生产者两期的主观贴现率为 r，易求得其两期的总效用 U 为：

---

① 文中的下标 t 表示期数。

$$U=U_1+\frac{U_2}{1+r}=\frac{[x_1^0+k_1x_1^d][y_1^0+k_2y_1^d][w_1^0+k_3w_1^d]+[x_2^0+k_1x_2^d][y_2^0+k_2y_2^d][w_2^0+k_3w_2^d]}{1+r} \qquad (3-2)$$

其中，x_1^0 和 x_1^d 分别表示消费者—生产者在第一期自给的衣服（X）数量和从市场购买的衣服（X）的数量，x_2^0 和 x_2^d 分别表示消费者—生产者在第二期自给的衣服（X）数量和从市场购买的衣服（X）的数量；y_1^0 和 y_1^d 分别表示消费者—生产者在第一期自给的粮食（Y）数量和从市场购买的粮食（Y）的数量，y_2^0 和 y_2^d 分别表示消费者—生产者在第二期自给的粮食（Y）数量和从市场购买的粮食（Y）的数量；w_1^0、w_1^d 分别表示消费者—生产者在第一期自给的秩序服务（W）数量和从市场购买的秩序服务（W）的数量，w_2^0、w_2^d 分别表示消费者—生产者在第二期自给的秩序服务（W）数量和从市场购买的秩序服务（W）的数量。由于冰山运输成本的存在，当衣服（X）、粮食（Y）和秩序服务（W）发生市场交易时均会产生一定的损失，所以不妨假设两个时期的单位衣服（X）的市场交易效率为 k_1，$0<k_1<1$；两个时期的单位粮食（Y）的单位粮食（Y）的市场交易效率为 k_2，$0<k_2<1$；两个时期的单位秩序服务（W）的市场交易效率为 k_3，$0<k_3<1$；从而两个时期消费者—生产者从市场上实际得到的衣服分别为 $k_1x_1^d$、$k_1x_2^d$，实际得到的粮食分别为 $k_2y_1^d$、$k_2y_2^d$，实际得到的秩序服务分别为 $k_3w_1^d$、$k_3w_2^d$（Coase，1937；Krugman，1980）。

两个时期衣服部门、粮食部门、纺织机器部门和秩序服务部门的生产函数分别为①：

$$X_1=x_1^0+x_1^s=\text{Max}\{[1+(z_1^0+k_4z_1^d)]^bL_{X_1}^c, \ L_{X_1}^c\} \qquad (3-3)$$

$$X_2=x_2^0+x_2^s=\text{Max}\{[1+(z_2^0+k_4z_2^d)]^bL_{X_2}^c, \ L_{X_2}^c\} \qquad (3-4)$$

$$Y_1=y_1^0+y_1^s=\text{Max}\{L_{Y_1}^e, \ 0\} \qquad (3-5)$$

$$Y_2=y_2^0+y_2^s=\text{Max}\{L_{Y_2}^e, \ 0\} \qquad (3-6)$$

$$Z_1=z_1^0+z_1^s=\text{Max}\{(L_{Z_1}-f)^g, \ 0\} \qquad (3-7)$$

$$Z_2=z_2^0+z_2^s=\text{Max}\{(L_{Z_2}-f)^g, \ 0\} \qquad (3-8)$$

---

① 文中的下标 X、Y、Z 分别表示生产 X 产品的经济人、生产 Y 产品的经济人和生产 Z 产品的经济人。

$$W_1 = w_1^0 + w_1^s = Max\{L_{W_1}^m, \ 0\} \tag{3-9}$$

$$W_2 = w_2^0 + w_2^s = Max\{L_{W_2}^m, \ 0\} \tag{3-10}$$

这里，X_1、X_2 分别表示衣服在第一期和第二期的总产出量；x_1^0 和 x_1^s 分别表示在第一期自给的衣服（X）数量和在市场出售的衣服（X）的数量，x_2^0 和 x_2^s 分别表示在第二期自给的衣服（X）数量和在市场出售的衣服（X）的数量；Y_1、Y_2 分别表示粮食在第一期和第二期的总产出，y_1^0 和 y_1^s 分别表示在第一期自给的粮食（Y）数量和在市场出售的粮食（Y）的数量，y_2^0 和 y_2^s 分别表示在第二期自给的粮食（Y）数量和在市场出售的粮食（Y）的数量；Z_1、Z_2 分别表示纺织机器在第一期和第二期的总产出，z_1^0 和 z_1^s 分别表示在第一期自给的纺织机器数量和售卖的秩序服务数量，z_2^0 和 z_2^s 分别表示在第二期自给的纺织机器数量和售卖的秩序服务数量；W_1、W_2 分别表示秩序服务在第一期和第二期的总产出，w_1^0 和 w_1^s 分别表示在第一期自给的秩序服务数量和售卖的秩序服务数量，w_2^0 和 w_2^s 分别表示在第二期自给的秩序服务数量和售卖的秩序服务数量。z_1^d 和 z_2^d 则分别表示纺织机器在第一期和第二期的购买量，类似地，单位纺织机器发生市场交易时也会有市场摩擦，也会产生交易成本，进而假定单位纺织机器的市场交易效率为 k_4，$0 < k_4 < 1$，从而两个时期消费者—生产者生产衣服时所使用的纺织机器的数量分别为（$z_1^0 + k_4 z_1^d$）、（$z_2^0 + k_4 z_2^d$）。为了简化计算，本书假设 $0 < k_1 = k_2 = k_3 = k_4 = k < 1$。同时，相较于衣服、粮食、秩序服务与纺织机器而言，生产纺织机器（Z）的工艺难度较高、技术含量更强，因此所需生产纺织机器（Z）所需的固定学习成本相对会更高，为使问题简化，本书标准化生产衣服、粮食和秩序服务所需的固定学习成本，使其为零，参数 f 代表生产纺织机器（Z）所需的固定学习成本。

此外，参数 b 代表衣服对纺织机器的产出弹性，c、e、g、m 分别表示衣服、粮食、纺织机器和秩序服务对劳动投入份额的产出弹性。实质上，消费者—生产者在某种产品上（衣服、粮食、纺织机器或秩序服务）的劳动投入份额，劳动投入份额即反映了其相应的专业化水平，在某产品上投入的劳动份额越大，则专业化水平越高。因此，产出弹性也反映出随着衣服、粮食、纺织机器或秩序服务生产专业化水平的提高，衣服、粮食、纺织机器或秩序服务产出增加程度。因此，参数 c、e、g 和 m 能够代表衣服、粮食、纺织机器和秩序服务生产的专业化经济程度。为了计算的方便，不妨设 b=1。

进一步地，因为消费者—生产者用于生产的劳动时间禀赋是有限的，他（或她）只能将有限的劳动时间分配在衣服、粮食、纺织机器和秩序服务的生产上，假设两个时期消费者—生产者的劳动禀赋均为 1 单位，进而有：

$$l_{X_1}+l_{Y_1}+l_{Z_1}+l_{W_1}=1 \tag{3-11}$$

$$l_{X_2}+l_{Y_2}+l_{Z_2}+l_{W_2}=1 \tag{3-12}$$

其中，l_{X_1}、l_{Y_1}、l_{Z_1}、$l_{W_1} \in [0,1]$ 分别表示消费者—生产者第一期在衣服、粮食、纺织机器和秩序服务生产上的劳动投入份额，l_{X_2}、l_{Y_2}、l_{Z_2}、$l_{W_2} \in [0,1]$ 分别表示消费者—生产者第二期在衣服、粮食、纺织机器和秩序服务生产上的劳动投入份额。

最后，根据瓦尔拉斯预算法则，"每个消费者—生产者从市场上通过交易获得的物品以货币价格计算的名义购买总和，必定等于其在市场上售出的各种物品以货币价格计算的名义供给总和"，进而可得：

$$p_{X_1}x_1^d+p_{X_2}x_2^d+p_{Y_1}y_1^d+p_{Y_2}y_2^d+p_{Z_1}z_1^d+p_{Z_2}z_2^d+p_{W_1}w_1^d+p_{W_2}w_2^d=p_{X_1}x_1^s+p_{X_2}x_2^s+p_{Y_1}y_1^s+p_{Y_2}y_2^s+p_{Z_1}z_1^s+p_{Z_2}z_2^s+p_{W_1}w_1^s+p_{W_2}w_2^s \tag{3-13}$$

其中，p_{X_1}、$p_{X_2} \geq 0$ 分别表示第一期和第二期的衣服的市场交易价格，p_{Y_1}、$p_{Y_2} \geq 0$ 分别表示第一期和第二期的粮食的市场交易价格，p_{Z_1}、$p_{Z_2} \geq 0$ 分别表示第一期和第二期的纺织机器的市场交易价格，p_{W_1}、$p_{W_2} \geq 0$ 分别表示第一期和第二期的秩序服务的市场交易价格。聚焦于本书研究的核心目标，我们从劳动专业化、专业多样化、生产迂回化、经济组织化四个方面来考察供给侧结构性改革的作用机理及其对经济增长的作用。

三、角点均衡信息与一般均衡分析

根据新兴古典经济学的相关定义（Borland and Yang，1992；Yang and Shi，1992；Yang and Ng，1993，2003），消费者—生产者的职业选择，或者称为专业

选择，构成了经济体的消费者—生产者的职业选择模式，在一个可行的经济体的市场结构，它包含了消费者—生产者自由选择的各种各样的职业模式。在本书研究的经济体所包含的生产链条中，包含衣服、粮食、纺织机器和秩序服务等四种产品或服务，会产生 16 个决策变量。由于每个消费者—生产者均可以自由选择职业模式，比如，只生产一种产品或服务（如只生产衣服、只生产粮食、只生产纺织机器、只生产秩序服务）；同时生产两种产品或服务（如同时生产衣服和粮食、同时生产衣服和纺织机器、同时生产衣服和秩序服务、同时生产粮食和纺织机器、同时生产粮食和秩序服务、同时生产纺织机器和秩序服务）；同时生产三种产品或服务（如同时生产衣服、粮食和纺织机器，同时生产衣服、粮食和秩序服务，同时生产衣服、纺织机器和秩序服务，同时生产粮食、纺织机器和秩序服务）；同时生产四种产品或服务。因此共有 2^{16} 种决策选择。在经济体中，各种各样的职业模式自由组合会产生许多类型的经济结构，但是有些结构是不符合人类生存规律的，即不可行的（如每个消费者—生产者都只选择生产纺织机器，而不生产粮食或衣服，那么根据上面给定的效用函数来说，所有消费者—生产者的效用均为零，因而是无效结构）。基于预算约束条件以及定理的相关定义（Yang and Ng，1993；Wen，1998），本书给出三种与供给侧结构性改革相关的有效结构：只包含生产秩序服务的自给自足结构 A，同时包含生产秩序服务和交易秩序服务的完全分工结构 B、内生迂回生产的完全分工结构 C。

由于一般均衡实际上是通过对角点均衡进行比较静态分析，得出最优的角点均衡（Sun et al.，2004），因此，本书对每个可行的经济结构进行角点均衡分析，继而，通过比较静态分析，考察不同经济结构角点均衡的差异，从而找出一般均衡。以下是各个结构的超边际决策分析、角点均衡信息及一般均衡分析。

（一）只包含生产秩序服务的自给自足结构 A

在只包含生产秩序服务的自给自足结构 A，消费者—生产者只能自己生产并自给所需要的粮食、衣服、纺织机器或秩序服务。此时的秩序服务专指维持人类生产、生活活动正常开展的生产秩序服务。并且没有形成任何分工网络，也不存在社会需求或供给，即人们之间不会发生交换，消费者—生产者只能在粮食、衣服、纺织机器和秩序服务的生产上合理分配自己的劳动时间，以最大化其效用。此时，消费者—生产者的生产专业化水平很低，但也完全没有不存在市场交易产生的交易费用。实质上，自给自足经济是人类社会演进的起点，由于那时环境恶劣，交易条件极差，人们只能自己生产并自给所需的所有物品，同时自给生产秩序服务，保护好自己的物品（斯密，1776）。因此，在只包含生产秩序服务的自给自足状态下，消费者—生产者在两个时期的衣服、粮食、纺织机器和秩序服务的市场供给量与市场需求量都为零，即：$x_1^d = x_2^d = y_1^d = y_2^d = z_1^d = z_2^d = w_1^d = w_2^d = x_1^s = x_2^s = y_1^s = y_2^s = z_1^s = z_2^s = w_1^s = w_2^s = 0$。进而依据基准模型（1）～模型（13）可知，在只包含生产秩序服务的自给自足状态下消费者—生产者的效用最大化决策为：

$$MaxU = \frac{\ln x_1^0 y_1^0 w_1^0 + \ln x_2^0 y_2^0 w_2^0}{1+r} \qquad (3-14)$$

衣服、粮食、纺织机器和秩序服务的生产函数分别为：

$$X_1 = x_1^0 = Max\{(z_1^0)^b l_{X_1}^c, \ l_{X_1}^c\}; \quad X_2 = x_2^0 = Max\{(z_2^0)^b l_{X_2}^c, \ l_{X_2}^c\} \qquad (3-15)$$

$$Y_1 = y_1^0 = l_{Y_1}^e; \quad Y_2 = y_2^0 = l_{Y_2}^e \qquad (3-16)$$

$$Z_1 = z_1^0 = Max\{(l_{Z_1} - f)^g, \ 0\}; \quad Z_2 = z_2^0 = Max\{(l_{Z_1} - f)^g, \ 0\} \qquad (3-17)$$

$$W_1 = w_1^0 = l_{W_1}^m; \quad W_2 = w_2^0 = l_{W_2}^m \qquad (3-18)$$

消费者—生产者的劳动禀赋约束为：

$$l_{X_1} + l_{Y_1} + l_{Z_1} + l_{W_1} = 1; \quad l_{X_2} + l_{Y_2} + l_{Z_2} + l_{W_2} = 1 \qquad (3-19)$$

对上述最优化问题求解可得消费者—生产者在两个时期的衣服、粮食、纺织机器和秩序服务的劳动时间如下：

$$l_{X_1} = \frac{1}{3}, \ l_{Y_1} = \frac{1}{3}, \ l_{Z_1} = 0, \ l_{W_1} = \frac{1}{3}; \quad l_{X2} = \frac{1}{3}, \ l_{Y_2} = \frac{1}{3}, \ l_{Z_2} = 0, \ l_{W_2} = \frac{1}{3} \qquad (3-20)$$

因此，可得在只包含生产秩序服务的自给自足状态下消费者—生产者的最优效用为：

$$U_A = MaxU = 3(c+e+m)\ln\frac{1}{3} - \ln(1+r) \qquad (3-21)$$

而消费者—生产者在两个时期的衣服、粮食、纺织机器和秩序服务四种产品中的劳动时间的分配比例为：

$$(l_{X_1}+l_{X_2}) : (l_{Y_1}+l_{Y_2}) : (l_{Z_1}+l_{Z_2}) : (l_{W_1}+l_{W_2}) = 1 : 1 : 0 : 1 \qquad (3-22)$$

进而，根据只包含生产秩序服务的自给自足结构 A 的角点均衡信息可知，在自给自足状态下，消费者的人均真实效用水平会随着衣服生产的专业化经济程度、粮食生产的专业化经济程度及秩序服务生产的专业化经济程度的提高而提高，但与市场交易效率和资本品纺织机器的专业化经济程度无关。因此，我们发现在只包含生产秩序服务的自给自足状态下，消费者—生产者不会去生产对其效用没有直接提升作用的资本品纺织机器，但会有一个提升对其效用直接产生推动作用的消费品的生产专业化水平的倾向。

(二)同时包含生产秩序服务和交易秩序服务的完全分工结构 B

随着人类社会的演进，人与人的联系与交往越来越多，交易成本逐步降低，交易效率逐步提高，消费者—生产者之间的社会分工网络开始形成，市场需求和市场供给也开始出现。在同时包含生产秩序服务和交易秩序服务的完全分工结构 B 中，消费者—生产者在市场中可自由选择专业化生产衣服、粮食和秩序服务的某一类，因此共有三种专业化选择。并且，需要指出的是，由于市场交易的产生，此时的秩序服务既包含维持人类生产活动正常开展的生产秩序服务，又包含维护市场交易正常进行的交易秩序服务。具体而言，消费者—生产者可分为以下三类：第一类是在两个时期都生产并出售衣服的衣服生产专家，他们所生产的衣服一部分用于自给($x_1^0>0$、$x_2^0>0$)，另一部分用于出售($x_1^s>0$、$x_2^s>0$)，并从市场上购得粮食($y_1^d>0$、$y_2^d>0$)和秩序服务($w_1^d>0$、$w_2^d>0$)；第二类是在两个时期都生产并出售粮食的粮食生产专家，他们所生产的粮食一部分用于自给($y_1^0>0$、$y_2^0>0$)，另一部分用于出售($y_1^s>0$、$y_2^s>0$)，并从市场上购得衣服($x_1^d>0$、$x_2^d>0$)和秩序服务($w_1^{d'}>0$、 $w_2^{d'}>0$)；第三类是在两个时期均生产并出售秩序服务的秩序服务生产专家[①]。由于秩序服务具有公共产品属性，因此秩序服务专家所生产

[①] 此时的秩序服务实质上既包含生产秩序服务，又包含维护市场交易正常进行的交易秩序服务。由于生产秩序服务、交易秩序服务的讨论涉及秩序服务部门(或者我们一般称之为政府部门)的内部分工问题，且不是本书的研究重点，所以在模型中本书将其统一为秩序服务。

的秩序服务将全部用于出售（$w_1^s>0$、$w_2^s>0$），并从市场上购得衣服（$x_1^d>0$、$x_2^d>0$）和粮食（$y_1^d>0$、$y_2^d>0$）。进而我们会发现，在同时包含生产秩序服务和交易秩序服务的完全分工状态下，纺织机器生产专家还没有随着分工演进而出现，这是纺织机器的固定学习成本相对较高，且不能直接产生效用。此时市场中只有三种贸易品：衣服、粮食和秩序服务，且只有衣服生产专家与粮食生产专家、衣服生产专家与政府部门、粮食生产专家与秩序服务生产专家这三对贸易关系。进而，在两个时期纺织机器的总产量以及秩序服务的自给量均为零，即：$Z_1=Z_2=w_1^0=w_2^0=0$。进而依据基准模型（1）～模型（13）可知，在同时包含生产秩序服务和交易秩序服务的完全分工结构 B，衣服生产专家的最优决策问题为：

$$MaxU=\frac{lnx_1^0ky_1^dkw_1^d+lnx_2^0ky_2^dkw_2^d}{1+r} \quad (3-23)$$

s. t. $X_1=x_1^0+x_1^s=l_{X_1}^c$；$X_2=x_2^0+x_2^s=l_{X_2}^c$ $\quad (3-24)$

$l_{X_1}+l_{Y_1}+l_{Z_1}+l_{W_1}=1$；$l_{X_2}+l_{Y_2}+l_{Z_2}+l_{W_2}=1$ $\quad (3-25)$

$p_{X_1}x_1^s+p_{X_2}x_2^s=p_{Y_1}y_1^d+p_{Y_2}y_2^d+p_{W_1}w_1^d+p_{W_2}w_2^d$ $\quad (3-26)$

对上述最优化问题求解可得：

$l_{X_1}=1$，$l_{Y_1}=0$，$l_{Z_1}=0$，$l_{W_1}=0$；$l_{X_2}=1$，$l_{Y_2}=0$，$l_{Z_2}=0$，$l_{W_2}=0$ $\quad (3-27)$

$$x_1^0=x_2^0=\frac{1}{4}；\ x_1^s=x_2^s=\frac{3}{4}；\ y_1^d=\frac{p_{X_1}}{4p_{Y_1}}；\ y_2^d=\frac{p_{X_2}}{4p_{Y_2}}；\ w_1^d=\frac{p_{X_1}}{2p_{W_1}}；\ w_2^d=\frac{p_{X_2}}{2p_{W_2}} \quad (3-28)$$

$$U_X=ln\frac{k^2}{32}\frac{p_{X_1}^{\ 2}}{p_{Y_1}p_{W_1}}+ln\frac{k^2}{32}\frac{p_{X_2}^{\ 2}}{p_{Y_2}p_{W_2}}-ln(1+r) \quad (3-29)$$

而粮食生产专家的最优决策问题为：

$$MaxU=\frac{lny_1^0kx_1^dkw_1^d+lny_2^0kx_2^dkw_2^d}{1+r} \quad (3-30)$$

s. t. $Y_1=y_1^0+y_1^s=l_{Y_1}^e$；$Y_2=y_2^0+y_2^s=l_{Y_2}^e$ $\quad (3-31)$

$l_{X_1}+l_{Y_1}+l_{Z_1}+l_{W_1}=1$；$l_{X_2}+l_{Y_2}+l_{Z_2}+l_{W_2}=1$ $\quad (3-32)$

$p_{Y_1}y_1^s+p_{Y_2}y_2^s=p_{X_1}x_1^d+p_{X_2}x_2^d+p_{W_1}w_1^d+p_{W_2}w_2^d$ $\quad (3-33)$

对上述最优化问题求解可得：

$$l_{X_1}=0, \quad l_{Y_1}=1, \quad l_{Z_1}=0, \quad l_{W_1}=0; \quad l_{X_2}=0, \quad l_{Y_2}=1, \quad l_{Z_2}=0, \quad l_{W_2}=0 \tag{3-34}$$

$$y_1^0=y_2^0=\frac{1}{4}; \quad y_1^s=y_2^s=\frac{3}{4}; \quad x_1^d=\frac{p_{Y_1}}{4p_{X_1}}; \quad x_2^d=\frac{p_{Y_2}}{4p_{X_2}}; \quad w_1^d=\frac{p_{Y_1}}{2p_{W_1}}; \quad w_2^d=\frac{p_{Y_2}}{2p_{W_2}} \tag{3-35}$$

$$U_Y=\ln\frac{k^2}{32}\frac{p_{Y_1}^2}{p_{X_1}p_{W_1}}+\ln\frac{k^2}{32}\frac{p_{Y_2}^2}{p_{X_2}p_{W_2}}-\ln(1+r) \tag{3-36}$$

秩序服务生产专家的最优决策问题为：

$$MaxU=\ln kx_1^d ky_1^d w_1^0+\frac{\ln kx_2^d ky_2^d w_2^0}{1+r} \tag{3-37}$$

$$s.\,t.\ W_1=w_1^0=w_1^s=l_{W_1}^m; \quad W_2=w_2^0=w_2^s=l_{W_2}^m \tag{3-38}$$

$$l_{X_1}+l_{Y_1}+l_{Z_1}+l_{W_1}=1; \quad l_{X_2}+l_{Y_2}+l_{Z_2}+l_{W_2}=1 \tag{3-39}$$

$$p_{W_1}w_1^s+p_{W_2}w_2^s=p_{X_1}x_1^d+p_{X_2}x_2^d+p_{Y_1}y_1^d+p_{Y_2}y_2^d \tag{3-40}$$

对上述最优化问题求解可得：

$$l_{X_1}=0, \quad l_{Y_1}=0, \quad l_{Z_1}=0, \quad l_{W_1}=1; \quad l_{X_2}=0, \quad l_{Y_2}=0, \quad l_{Z_2}=0, \quad l_{W_2}=1 \tag{3-41}$$

$$w_1^0=w_1^s=w_2^0=w_2^s=1; \quad x_1^d=\frac{p_{W_1}}{2p_{X_1}}; \quad x_2^d=\frac{p_{W_2}}{2p_{X_2}}; \quad y_1^d=\frac{p_{W_1}}{2p_{Y_1}}; \quad y_2^d=\frac{p_{W_2}}{2p_{Y_2}} \tag{3-42}$$

$$U_W=\ln\frac{k^2}{4}\frac{p_{W_1}^2}{p_{X_1}p_{Y_1}}+\ln\frac{k^2}{4}\frac{p_{W_2}^2}{p_{X_2}p_{Y_2}}-\ln(1+r) \tag{3-43}$$

因此，参照在包含生产秩序服务和交易秩序服务的完全分工结构 B 存在均衡的必要条件：$U_X=U_Y=U_W$（效用均等条件）、$M_Y(x_1^d+x_2^d)+M_W(x_1^d+x_2^d)=M_X(x_1^s+x_2^s)$、$M_X(y_1^d+y_2^d)+M_W(y_1^d+y_2^d)=M_Y(y_1^s+y_2^s)$（市场出清）和 $M_X+M_Y+M_W=M$（人口规模约束），其中，M_X、M_Y、M_W 分别是结构 B 中的衣服生产部门、粮食生产部门、秩序服务部门参与生产的消费者—生产者的人数。据此解得同时包含生产秩序服务和交易秩序服务的完全分工状态下，两个时期的衣服、粮食和秩序服务的均衡相对价格分别为：

$$\frac{p_{X_1}}{p_{W_1}}=\frac{p_{X_2}}{p_{W_2}}=\frac{p_{Y_1}}{p_{W_1}}=\frac{p_{Y_2}}{p_{W_2}}=2 \tag{3-44}$$

从而消费者—生产者的均衡人均真实效用为：

$$U_B = U_X = U_Y = U_W = 4\ln\frac{k}{4} - \ln(1+r) \tag{3-45}$$

进一步地，参照同时包含生产秩序服务和交易秩序服务的完全分工结构 B 的角点均衡信息，对效用函数求偏导可得：$\frac{\partial U}{\partial k} = \frac{16}{k} > 0 \, (0 < k < 1)$、$\frac{\partial U}{\partial c} = \frac{\partial U}{\partial e} = \frac{\partial U}{\partial m} = 0$。进而易知，在同时包含生产秩序服务和交易秩序服务的完全分工状态下，消费者—生产者的人均真实效用会随着市场交易效率的提高而提高，但与衣服生产的专业化经济程度、粮食生产的专业化经济程度以及秩序服务生产的专业化经济程度均无关。这是由于在衣服、粮食和秩序服务生产完全分工状态下，衣服生产专家、粮食生产专家和秩序服务生产专家已经完全专业化，衣服、粮食和秩序服务生产的专业化经济效应已经达到极值点。此时，消费者—生产者人均真实效用的提高只能依赖于市场交易效率的提高。

进一步地，比较只包含生产秩序服务自给自足结构 A 和同时包含生产秩序服务和交易秩序服务的完全分工结构 B 角点均衡的人均真实效用，进行超边际均衡分析可知：

$$U_B - U_A = \left[4\ln\frac{k}{4} - \ln(1+r)\right] - \left[3(c+e+m)\ln\frac{1}{3} - \ln(1+r)\right] = \ln\frac{3^{3(c+e+m)}}{4^4}k^4 \tag{3-46}$$

数值分析结果显示，如果 $k^4 > \frac{4^4}{3^{3(c+e+m)}}$，即当衣服生产的专业化经济程度 c、粮食生产的专业化经济程度 e、秩序生产的专业化经济程度 m 和市场交易效率 k 足够高时，那么同时包含生产秩序服务和交易秩序服务的完全分工结构 B 的人均真实效用会恒大于只包含生产秩序服务的自给自足结构 A 的人均真实效用 U_A，进而消费者—生产者会选择使其效用最大化的专业化生产模式，每类消费者—生产者都专业于生产衣服、粮食和秩序服务的一种，专业化生产秩序服务（包含生产秩序服务和交易秩序服务）的消费者—生产者将从分工中衍生出现（即秩序服务生产专家）。因而，衣服、粮食和秩序服务生产完全分工的格局得以达成，同时包含生产秩序服务和交易秩序服务的完全分工结构 B 成为一般均衡。

经济体之所以会由只包含生产秩序服务自给自足结构 A 演进到同时包含生产秩序服务和交易秩序服务的完全分工结构 B，这是因为如果衣服、粮食和秩序服务生产的专业化经济程度以及市场交易效率足够高，经济体中消费者—生产者选择专业化生产模式能够取得的专业化收益，会高于由于进行专业化生产需要发生市场交易而产生的成本。伴随经济体由结构 A 向结构 B 演进，首先出现的是生产的专业化，每类消费者—生产者都只专业于生产衣服、粮食和秩序服务的一种，专业化水平由 1/3 提高到 1，专业化经济的显著也带来了人均真实效用的提升。此外，伴随经济体从结构 A 向结构 B 的演进，也带来了多样化的深化，经济体中的生产部门的类别，由一类(同时生产衣服、粮食和生产秩序服务的部门)增加到三类(专业化衣服生产部门、专业化粮食生产部门、专业化秩序服务生产部门)，多样化经济的显著也带来了人均真实效用的提高。因此，我们可以提出命题 1。

命题 1：当粮食、衣服和秩序服务生产的专业化经济程度以及市场交易效率足够高时，只包含生产秩序服务的自给自足结构将会演进到同时包含生产秩序服务和交易秩序服务的完全分工结构，该经济体的专业化水平和多样化水平将同时提高，进而消费者—生产者的效用得以提升，最终将实现基于劳动专业化和专业多样化的帕累托改进。

(三)内生迂回生产的完全分工结构 C

在同时包含生产秩序服务和交易秩序服务，且内生迂回生产的完全分工结构 C 中，消费者—生产者在市场中有四种专业化选择：

第一类是在两个时期都生产并出售衣服的衣服生产专家，他们生产的衣服一部分用于自给($x_1^0 > 0$、$x_2^0 > 0$)，另一部分用于出售($x_1^s > 0$、$x_2^s > 0$)，并从市场上购得粮食($y_1^d > 0$、$y_2^d > 0$)、纺织机器($z_1^d > 0$、$z_2^d > 0$)和秩序服务($w_1^d > 0$、$w_2^d > 0$)。

第二类是在两个时期都生产并出售粮食的粮食生产专家，他们生产的粮食一部分用于自给($y_1^0 > 0$、$y_2^0 > 0$)，另一部分用于出售($y_1^s > 0$、$y_2^s > 0$)，并从市场上购得衣服($x_1^d > 0$、$x_2^d > 0$)和秩序服务($w_1^{d'} > 0$、$w_2^{d'} > 0$)。

第三类是在两个时期均生产并出售纺织机器的纺织机器生产专家。由于纺织机器(Z)不能直接产生效用，需要通过作用于消费品衣服(X)的生产价值增值来产生效用，因此两期纺织机器生产专家生产的纺织机器都将全部用于出售（$z_1^s > 0$、$z_2^s > 0$），并从市场上购得衣服（$x_1^d > 0$、$x_2^d > 0$）、粮食（$y_1^d > 0$、$y_2^d > 0$）和秩序服务（$w_1^{d'} > 0$、$w_2^{d'} > 0$）。

第四类是在两个时期均生产并出售秩序服务的秩序服务生产专家。由于秩序服务具有公共产品属性，因此政府生产的秩序服务全部用于出售（$w^s > 0$、$w_2^s > 0$），并从市场上购得衣服（$x_1^d > 0$、$x_2^d > 0$）和粮食（$y_1^d > 0$、$y_2^d > 0$）。

进而依据基准模型（1）~模型（13）可知，同时包含生产秩序服务和交易秩序服务，且内生迂回生产的完全分工状态下，衣服生产专家的最优决策问题为：

$$\text{Max}\,U = \ln x_1^0 k y_1^d k w_1^d + \frac{\ln x_2^0 k y_2^d k w_2^d}{1+r} \tag{3-47}$$

$$\text{s. t.}\ X_1 = x_1^0 + x_1^s = \left[1 + k z_1^d\right]^b l_{X_1}^c ;\quad X_2 = x_2^0 + x_2^s = \left[1 + k z_1^d\right]^b l_{X_1}^c \tag{3-48}$$

$$l_{X_1} + l_{Y_1} + l_{Z_1} + l_{W_1} = 1 ;\quad l_{X_2} + l_{Y_2} + l_{Z_2} + l_{W_2} = 1 \tag{3-49}$$

$$p_{X_1} x_1^s + p_{X_2} x_2^s = p_{Y_1} y_1^d + p_{Y_2} y_2^d + p_{Z_1} z_1^d + p_{Z_2} z_2^d + p_{W_1} w_1^d + p_{W_2} w_2^d \tag{3-50}$$

对上述最优化问题求解可得：

$$l_{X_1} = 1,\ l_{Y_1} = 0,\ l_{Z_1} = 0,\ l_{W_1} = 0;\ l_{X_2} = 1,\ l_{Y_2} = 0,\ l_{Z_2} = 0,\ l_{W_2} = 0 \tag{3-51}$$

$$x_1^0 = x_2^0 = \frac{p_{Z_1}}{6p_{Z_1} - k p_{X_1}} ;\quad x_1^s = x_2^s = \frac{5 p_{Z_1}}{6p_{Z_1} - k p_{X_1}} ;\quad y_1^d = \frac{p_{X_1}}{6p_{Z_1} - k p_{X_1}} \frac{p_{Z_1}}{p_{Y_1}} ;\quad y_2^d = \frac{p_{X_2}}{6p_{Z_2} - k p_{X_2}} \frac{p_{Z_2}}{p_{Y_2}} ;$$

$$z_1^d = \frac{p_{X_1}}{6p_{Z_1} - k p_{X_1}} ;\quad z_2^d = \frac{p_{X_2}}{6p_{Z_2} - k p_{X_2}} ;\quad w_1^d = \frac{3 p_{X_1}}{6p_{Z_1} - k p_{X_1}} \frac{p_{Z_1}}{p_{W_1}} ;\quad w_2^d = \frac{3 p_{X_2}}{6p_{Z_2} - k p_{X_2}} \frac{p_{Z_2}}{p_{W_2}} \tag{3-52}$$

$$U_X = \ln \frac{3k^2}{(6p_{Z_1} - k p_{X_1})^3} \frac{p_{X_1}^2 p_{Z_1}^3}{p_{Y_1} p_{W_1}} + \ln \frac{3k^2}{(6p_{Z_2} - k p_{X_2})^3} \frac{p_{X_2}^2 p_{Z_2}^3}{p_{Y_2} p_{W_2}} - \ln(1+r) \tag{3-53}$$

而粮食生产专家的最优决策问题为：

$$\text{Max}\,U = \ln y_1^0 k x_1^d k w_1^d + \frac{\ln y_2^0 k x_2^d k w_2^d}{1+r} \tag{3-54}$$

$$\text{s. t.}\ Y_1 = y_1^0 + y_1^s = l_{Y_1}^e ;\quad Y_2 = y_2^0 + y_2^s = l_{Y_2}^e \tag{3-55}$$

$$l_{X_1} + l_{Y_1} + l_{Z_1} + l_{W_1} = 1 ;\quad l_{X_2} + l_{Y_2} + l_{Z_2} + l_{W_2} = 1 \tag{3-56}$$

$$p_{Y_1} y_1^s + p_{Y_2} y_2^s = p_{X_1} x_1^d + p_{X_2} x_2^d + p_{W_1} w_1^d + p_{W_2} w_2^d \tag{3-57}$$

对上述最优化问题求解可得：

$$l_{X_1}=0, \ l_{Y_1}=1, \ l_{Z_1}=0, \ l_{W_1}=0; \ l_{X_2}=0, \ l_{Y_2}=1, \ l_{Z_2}=0, \ l_{W_2}=0 \tag{3-58}$$

$$y_1^0=y_2^0=\frac{1}{4}; \ y_1^s=y_2^s=\frac{3}{4}; \ x_1^d=\frac{p_{Y_1}}{4p_{X_1}}; \ x_2^d=\frac{p_{Y_2}}{4p_{X_2}}; \ w_1^d=\frac{p_{Y_1}}{2p_{W_1}}; \ w_2^d=\frac{p_{Y_2}}{2p_{W_2}} \tag{3-59}$$

$$U_Y=\ln\frac{k^2}{32}\frac{p_{Y_1}^2}{p_{X_1}p_{W_1}}+\ln\frac{k^2}{32}\frac{p_{Y_2}^2}{p_{X_2}p_{W_2}}-\ln(1+r) \tag{3-60}$$

纺织机器生产专家的最优决策问题为：

$$MaxU=\ln kx_1^d ky_1^d kw_1^d+\frac{\ln kx_2^d ky_2^d kw_2^d}{1+r} \tag{3-61}$$

$$s.t. \ Z_1=z_1^s=Max\left\{(l_{Z_1}-f)^g, \ 0\right\}; \ Z_2=z_2^s=Max\left\{(l_{Z_1}-f)^g, \ 0\right\} \tag{3-62}$$

$$l_{X_1}+l_{Y_1}+l_{Z_1}+l_{W_1}=1; \quad l_{X_2}+l_{Y_2}+l_{Z_2}+l_{W_2}=1 \tag{3-63}$$

$$p_{Z_1}z_1^s+p_{Z_2}z_2^s=p_{X_1}x_1^d+p_{X_2}x_2^d+p_{Y_1}y_1^d+p_{Y_2}y_2^d+p_{W_1}w_1^d+p_{W_2}w_2^d \tag{3-64}$$

对上述最优化问题求解可得：

$$l_{X_1}=0, \ l_{Y_1}=0, \ l_{Z_1}=1, \ l_{W_1}=0; \ l_{X_2}=0, \ l_{Y_2}=0, \ l_{Z_2}=1, \ l_{W_2}=0 \tag{3-65}$$

$$z_1^0=z_2^0=0; \ z_1^s=z_2^s=(1-f)^g; \ x_1^d=\frac{(1-f)^g}{4}\frac{p_{Z_1}}{p_{X_1}}; \ x_2^d=\frac{(1-f)^g}{4}\frac{p_{Z_2}}{p_{X_2}}; \ y_1^d=\frac{(1-f)^g}{4}\frac{p_{Z_1}}{p_{Y_1}};$$

$$y_2^d=\frac{(1-f)^g}{4}\frac{p_{Z_2}}{p_{Y_2}}; \ w_1^d=\frac{(1-f)^g}{2}\frac{p_{Z_1}}{p_{W_1}}; \ w_2^d=\frac{(1-f)^g}{2}\frac{p_{Z_2}}{p_{W_2}} \tag{3-66}$$

$$U_Z=\ln\frac{k^3(1-f)^{3g}}{64}\frac{p_{Z_1}^3}{p_{X_1}p_{Y_1}p_{W_1}}+\ln\frac{k^3(1-f)^{3g}}{64}\frac{p_{Z_2}^3}{p_{X_2}p_{Y_2}p_{W_2}}-\ln(1+r) \tag{3-67}$$

秩序服务部门的最优决策问题为：

$$MaxU=\frac{\ln kx_1^d ky_1^d w_1^0+\ln kx_2^d ky_2^d w_2^0}{1+r} \tag{3-68}$$

$$s.t. \ W_1=w_1^0=w_1^s=l_{W_1}^m; \quad W_2=w_2^0=w_2^s=l_{W_2}^m \tag{3-69}$$

$$l_{X_1}+l_{Y_1}+l_{Z_1}+l_{W_1}=1; \quad l_{X_2}+l_{Y_2}+l_{Z_2}+l_{W_2}=1 \tag{3-70}$$

$$p_{W_1}w_1^s+p_{W_2}w_2^s=p_{X_1}x_1^d+p_{X_2}x_2^d+p_{Y_1}y_1^d+p_{Y_2}y_2^d \tag{3-71}$$

对上述最优化问题求解可得：

$$l_{X_1}=0, \ l_{Y_1}=0, \ l_{Z_1}=0, \ l_{W_1}=1; \ l_{X_2}=0, \ l_{Y_2}=0, \ l_{Z_2}=0, \ l_{W_2}=1 \tag{3-72}$$

$$w_1^0=w_1^s=w_2^0=w_2^s=1; \ x_1^d=\frac{p_{W_1}}{2p_{X_1}}; \ x_2^d=\frac{p_{W_2}}{2p_{X_2}}; \ y_1^d=\frac{p_{W_1}}{2p_{Y_1}}; \ y_2^d=\frac{p_{W_2}}{2p_{Y_2}} \tag{3-73}$$

$$U_W=\ln\frac{k^2}{4}\frac{p_{W_1}^2}{p_{X_1}p_{Y_1}}+\ln\frac{k^2}{4}\frac{p_{W_2}^2}{p_{X_2}p_{Y_2}}-\ln(1+r) \tag{3-74}$$

因此，根据效用均等化条件（$U_X=U_Y=U_Z=U_W$）、市场出清条件（$M_Y(x_1^d+x_2^d)+$ $M_Z(x_1^d+x_2^d)+M_W(x_1^d+x_2^d)=M_X(x_1^s+x_2^s)$、$M_X(y_1^d+y_2^d)+M_Z(y_1^c+y_2^d)+M_W(y_1^d+y_2^c)=$ $M_Y(y_1^s+y_2^s)$、$M_X(z_1^d+z_2^d)=M_Z(z_1^s+z_2^s)$）和人口规模约束条件（$M_X+M_Y+M_Z+M_W=M$），其中，$M_X$、$M_Y$、$M_Z$、$M_W$分别是结构C中的衣服生产部门、粮食生产部门、纺织机器生产部门、秩序服务部门参与生产的消费者—生产者的人数。据此解得同时包含生产秩序服务和交易秩序服务，且内生迂回生产的完全分工状态下，两个时期的粮食、衣服、纺织机器和秩序服务的均衡相对价格分别为：

$$\frac{p_{Y_1}}{p_{X_1}}=\frac{4\sqrt[3]{3}+k^4(1-f)^g}{48}; \ \frac{p_{Y1}}{p_{Z_1}}=\left(\frac{k}{2}\right)^3(1-f)^g; \ \frac{p_{Y1}}{p_{W_1}}=2; \ \frac{p_{Y_2}}{p_{X_2}}=\frac{4\sqrt[3]{3}+k^4(1-f)^g}{48};$$

$$\frac{p_{Y_2}}{p_{Z_2}}=\left(\frac{k}{2}\right)^3(1-f)^g; \ \frac{p_{Y2}}{p_{W_2}}=2 \tag{3-75}$$

从而消费者—生产者的均衡人均真实效用为：

$$U_C=U_X=U_Y=U_Z=U_W=2\ln\left\{\frac{k^2}{16}\times\frac{[4\sqrt[3]{3}+k^4(1-f)^g]}{48}\right\}-\ln(1+r) \tag{3-76}$$

进而，根据包含政府的同时包含生产秩序服务和交易秩序服务，且内生迂回生产的完全分工结构C的角点均衡信息可知，在衣服、粮食、纺织机器和秩序服务生产完全分工状态下，消费者的人均真实效用水平会随着市场交易效率、纺织机器生产的专业化经济程度的提高而增加，但会随着主观贴现率的增加而减少，并且与纺织机器生产的固定学习成本成反比。进一步地，比较结构B与C均衡时的人均真实效用可知：

当纺织机器生产的专业化经济程度以及市场交易效率足够高时，同时包含生产秩序服务和交易秩序服务，且内生迂回生产的完全分工结构C的人均真实效用会大于同时包含生产秩序服务和交易秩序服务的完全分工结构 B 的人均真实效用，进而消费者—生产者会选择使其效用最大化的包含迂回生产的完全分工模式，每类消费者—生产者都专业于生产衣服、粮食、纺织机器和秩序服务的一种，专业化生产纺织机器的消费者—生产者将从分工中衍生出现（即纺织机器生产专家）。因而，衣服、粮食和秩序服务生产完全分工，且包含迂回化生产的格局得以达成，同时包含生产秩序服务和交易秩序服务，且内生迂回生产的完全分工结构 C 将成为一般均衡。

经济体之所以会由同时包含生产秩序服务和交易秩序服务的完全分工结构 B 演进到同时包含生产秩序服务和交易秩序服务，且内生迂回生产的完全分工结构 C，这是因为如果纺织机器生产的专业化经济程度以及市场交易效率足够高，经济体中消费者—生产者选择迂回化生产模式能够取得的迂回化收益，会高于由于进行迂回化生产需要发生市场交易而产生的成本。伴随经济体从结构 B 向结构 C 生产的演进，首先出现的是生产的迂回化，即分工的纵向扩展，经济结构中衣服的生产模式由直接使用劳动进行生产迂回深化为"先使用劳动去生产纺织机器，继而通过纺织机器去生产衣服"。在此过程中，经济体的生产链条得到延长，迂回化程度也得以提高，因此产生了迂回化效益，带来了人均真实效用的提升。此外，经济体从结构 B 向结构 C 生产的演进，也带来了分工的横向扩展，纺织机器生产专家衍生出现，产品部门数得到增加，由三类提升至四类，进而横向扩展和纵向扩展也带来了分工的经济组织化程度的提高，促进了组织化经济的产生，人均真实效用得以提升。因此，我们可以提出命题 2。

命题 2： 当资本品生产的专业化经济程度和市场交易效率足够高，经济体会演进到同时包含生产秩序服务和交易秩序服务，且内生迂回生产的完全分工结构，专业化提供资本品的部门会从分工中衍生出现，并且该经济体的生产迂回化水平和经济组织化水平将同时提高，进而消费者—生产者的效用得以提升，最终将实现基于迂回化和组织化的帕累托改进。

第三节　本章小结

本章主要基于新兴古典经济学中的分工理论与超边际均衡分析方法，从分工潜力出发，构建理论模型，从劳动专业化、专业多样化、生产迂回化、经济组织化四个维度来考察供给侧结构性改革的演化及其对经济增长的作用。本章在理论模型中给出三种与供给侧结构性改革相关的有效结构：只包含生产秩序服务的自给自足结构 A，同时包含生产秩序服务和交易秩序服务的完全分工结构 B 和内生迂回生产的完全分工结构 C，并对其进行角点均衡分析，继而，通过比较静态分析，考察不同经济结构角点均衡的差异，从而找出一般均衡，提出以下两个命题，为后文的实证分析奠定理论基础。

命题 1：当粮食、衣服和秩序服务生产的专业化经济程度以及市场交易效率足够高时，只包含生产秩序服务的自给自足结构将会演进到同时包含生产秩序服务和交易秩序服务的完全分工结构，该经济体的专业化水平和多样化水平将同时提高，进而消费者—生产者的效用得以提升，最终将实现基于劳动专业化和专业多样化的帕累托改进。

命题 2：当资本品生产的专业化经济程度和市场交易效率足够高，经济体会演进到同时包含生产秩序服务和交易秩序服务，且内生迂回生产的完全分工结构，专业化提供资本品的部门会从分工中衍生出现，并且该经济体的生产迂回化水平和经济组织化水平将同时提高，进而消费者—生产者的效用得以提升，最终将实现基于迂回化和组织化的帕累托改进。

第四章　西部地区劳动专业化与经济增长

第一节　劳动专业化与经济增长的机理分析

劳动专业化的形成与劳动区域内分工之间存在密切的相关性，基于静态层面的概念，主要是指区域内的劳动力专业生产一种或几种产品；基于动态层面的概念，则是指区域内的产业不断进行集中的过程。此外，一个区域内的劳动力无法绝对专业化的只生产一种或几种产品，因而当区域内某产业在整体行业中的占比要比其他区域更有优势时，就说明该产业的集聚程度比较高，也可以称为劳动专业化。生产同一种产业的企业集中在统一企业，能够最大限度地发挥集聚规模效益，进而劳动生产率也会有大幅度的提升；同时，由于不同的区域有着不同的自然禀赋条件，会使生产的产品也不同，那么各个区域就会形成各自的比较优势，各个产业的生产效率将会得到提升，各地区通过交易实现互通有无，推动共同发展。

所谓劳动专业化主要是指产业集聚带来的结果，当区域内的相同产业发生集聚情况时则会促使产生劳动专业化，而劳动专业化存在的外部性特征对产业的集聚又会有推动作用，这种互相促进的作用最终会推动经济的增长。Marshall

（1920）基于英国工业存在集聚特点的现状，提出了"产业区"的概念，他认为，当同一产业内的企业集聚在某一区域内，那么地方化经济就会随之产生，而这正是外部规模效应的体现。这种经济现象的出现主要存在以下三个特征：一是集聚使得产业具有地理接近和关联性特征，可以在很大程度上减少对运输和交易的投入，同时也能取得诸如劳动力、服务等专业化投入。二是集聚产业内的企业可以取得三种收益，即具有专业化技术的劳动力市场、技术的外溢带来的优势以及中间品投入的成果。这可以减少企业的成本，同时其生产效率也会得到提升。三是产业集聚能使内部企业之间的学习效率得以提高，继而促进创新的产生。这主要是因为集聚的规模经济效应，使大量拥有相同技术、管理知识的劳动力也随之集聚，这会造成企业间的竞争加剧，那么企业就会通过创新活动不断改进自身的技术与管理使其保持竞争优势，不被市场所淘汰。而在现实中，劳动专业化的形成主要有以下三个原因：一是一个大企业的垄断；二是生产同种产品的企业发生集聚；三是政府主导的产业布局。

当生产同种产品的企业集聚在同一区域，会使市场上出现大量同质产品，进而导致拥挤效应的产生，即产品市场和要素市场的过度竞争，结果通常是产品价格下降、生产成本上升、企业利润缩减。那么企业据此就会减少对这种产品的生产。同时，产业的集聚也会使企业间对于有限的劳动力及土地资源的竞争愈加激烈，进而造成土地价格和薪资水平的上涨。对于出口企业来说，当发现此产品的成本上涨而利润缩减时，就会减少对其的生产。不管是产品还是地区经济都有自己的生命周期，当产品生命周期进入衰退期时，有些地区不断加大创新投入，对生产技术和管理服务进行改进，使产业结构能够及时地转型升级，进而可以保持繁荣。但有些地区却固守传统产业，将产品生命周期规律置若罔闻，最后进入经济的萧条期。因此，随着科学技术不断推陈出新，产业结构与经济结构也要据此进行调整，要想使经济长期保持繁荣景象，需在产业升级阶段进行创新活动，依靠新技术避免经济出现大幅波动，进而可帮助其经济顺利地进入下一轮繁荣期。由此可见，当劳动专业化的产业集聚不能及时地对产业结构进行创新与调整，不能抵减同质产品增加而导致的生产成本上升、利润缩减的拥挤效应时，那么劳动专业化带来的外部规模经济效应将会由正向转为负向，也就是说，劳动专业化水平与经济增长之间存在倒 U 型关系。

第二节　西部地区劳动专业化水平的现状分析

一、劳动专业化指标的测度

根据上文可知，劳动专业化的指数代表的主要是同一产业在特定区域内的集聚程度，可用其来衡量劳动力专业化产生的外部性对于区域经济发展的影响情况。本书对于劳动力专业指标的测度，主要基于 Krugman（2000）等的研究基础，使用克鲁格曼专业化指数（KSI）来对西部地区的劳动专业化水平进行测度，此指数测度的目标主要是区域之间产业结构的差异化水平。其具体计算如式（4-1）所示。

$$KSI_i = \sum_{k=1}^{m} |s_{ik} - s_k| \tag{4-1}$$

其中，KSI_i 表示 i 地区的专业化水平，$s_{ik} = I_{ik} / \sum_{k=1}^{m} I_{ik}$ 表示 k 行业的就业人数在 i 地区占总就业人数的比例，$s_k = I_k / \sum_{k=1}^{m} I_k$ 表示 k 行业的总就业人数占整个地区总就业人数的比例，m 表示全部地区的产业部门数目。KSI 的取值范围是［0，2］，即当其值等于 0 时，说明该地区的产业结构跟全地区完全相同，也就是说，此时不存在劳动专业化。因此，当 KSI 的数值越大时，就表示该地区的劳动专业化水平越高。

本书选西部地区 82 个地级市为研究样本，数据来源于 2004~2018 年公布的《中国城市统计年鉴》，即研究选取的时间段为 2003~2017 年。自 2004 年开始公布的《中国城市统计年鉴》对"按行业分组的单位从业人员"的统计口径进行了变更调整，2004 年之前统计的行业为 15 个，2004 年之后调整为 19 个，具体情况见表4-1，因此为了保证研究数据指标的连贯性与严谨性，本书将 2003 年作为研究的初始年份。另外，《中国城市统计年鉴》中所有地级市的数据均有市辖区数据和全市数据两个标准，由于全市数据中包括了市辖县的数据，而有些市辖县会随着时间的变化而变化，市辖区则相对稳定，所以本书选取的数据均为市辖区数据。

表 4-1　行业划分具体调整情况

2003 年及以前的划分标准	2004~2011 年的划分标准
农、林、牧、渔业	农、林、牧、渔业
制造业	制造业
采掘业	采掘业
建筑业	建筑业
金融保险业	金融业
交通仓储邮电业	交通运输、仓储和邮政业
社会服务业	租赁和商业服务业
房地产业	房地产业
批发零售贸易业	批发和零售业
电力煤气及水的生产和供应业	电力煤气及水的生产和供应业
地质勘查水利管理业	住宿餐饮业
科研综合技术服务业	科学研究技术服务和地质勘查业
教育文艺广播影视业	信息传输计算机服务和软作业
卫生体育社会福利业	居民服务和其他服务业
机关和社会团体	卫生社会保障和社会福利业
—	教育
—	水利、环境和公共设施管理业
—	公共管理和社会组织
—	文化体育和娱乐业

二、西部地区专业化水平特征分析

根据上述方法及数据，本章对 2003~2017 年西部地区 82 个地级市市辖区的劳动专业化水平进行测度。同时将这 82 个城市分为 7 个区域，即内蒙古地区 9 个城市、广西地区 14 个城市、川渝地区 19 个城市、云贵地区 12 个城市、陕西地区 10 个城市、甘肃地区 11 个城市、青海宁夏及新疆地区 7 个城市，根据计算结果，将劳动专业化指数绘制成图，如图 4-1~图 4-7 所示。

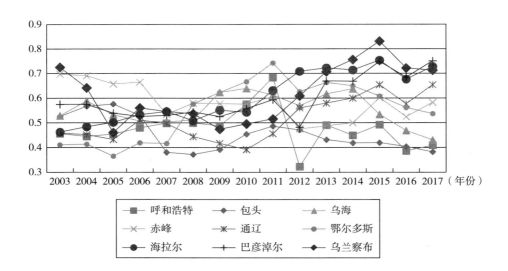

图 4-1　2003~2017 年内蒙古地区 9 个城市专业化指数趋势

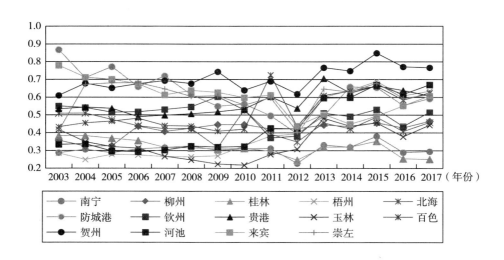

图 4-2　2003~2017 年广西地区 14 个城市专业化指数趋势

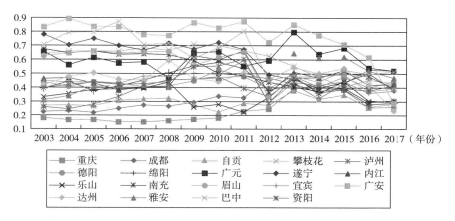

图 4-3　2003～2017 年川渝地区 19 个城市专业化指数趋势

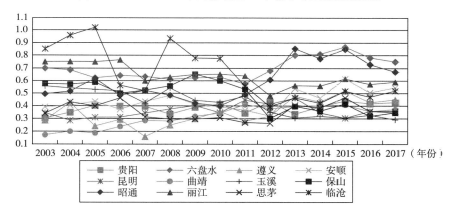

图 4-4　2003～2017 年云贵地区 12 个城市专业化指数趋势

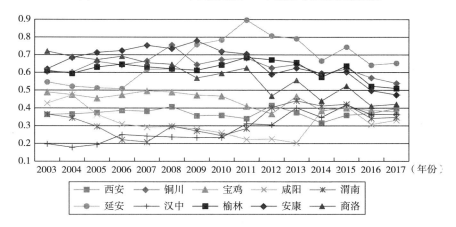

图 4-5　2003～2017 年陕西地区 10 个城市专业化指数趋势

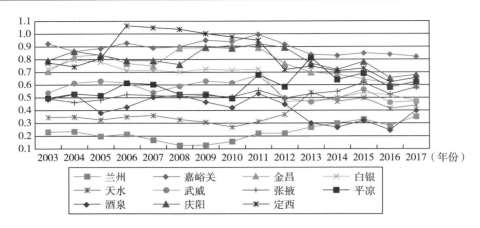

图4-6　2003~2017年甘肃地区11个城市专业化指数趋势

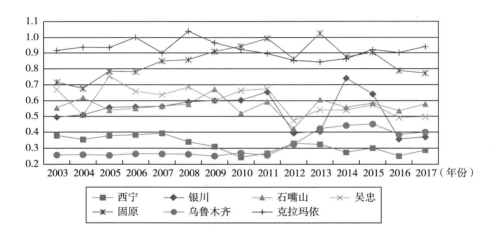

图4-7　2003~2017年青海宁夏及新疆地区7个城市专业化指数趋势

根据计算得出的西部地区劳动专业化指数数据以及图4-1~图4-7，能够得出以下四个结论：

第一，2003~2017年西部地区有多数地级市的劳动专业化水平的趋势变化幅度不大，较为平稳，且劳动专业化指数的范围多在0.2~0.5。这些城市主要以省会以及相对发达城市为主，在广西（见图4-2）、四川（见图4-3）、陕西（见图

4-5）等省份这样的城市占有大多数。此外，还有几个城市是在较高的劳动专业化水平上保持相对平稳的波动，包括贺州市（劳动专业化指数变动范围为 0.61~0.85）、六盘水市（劳动专业化指数变动范围为 0.61~0.86）、嘉峪关市（劳动专业化指数变动范围为 0.82~0.99）、金昌市（劳动专业化指数变动范围为 0.59~0.91）、庆阳市（劳动专业化指数变动范围为 0.66~0.92）、定西市（劳动专业化指数变动范围为 0.60~1.06）、固原市（劳动专业化指数变动范围为 0.68~1.04）、克拉玛依市（劳动专业化指数变动范围为 0.84~1.04）。这些城市相对劳动专业化指数较高，且劳动专业化的产业也都保持在相对稳定的水平，其中六盘山市、克拉玛依市专业于采矿业，嘉峪关市、金昌市、固原市专业于制造业，贺州市、庆阳市、定西市则专业于公共管理业。

第二，2003~2017 年，劳动专业化指数水平变动比较大，且呈上升趋势的城市有：呼伦贝尔市（劳动专业化指数变动范围为 0.46~0.72）、梧州市（劳动专业化指数变动范围为 0.24~0.69）、河池市（劳动专业化指数变动范围为 0.29~0.67）。其中，呼伦贝尔市在 2012 年以前多样化于教育、公共管理和社会组织，2012 年以后专业化于第一产业农林牧渔业，专业化指数越来越高。梧州市、河池市情况大致相同，在 2013 年以前多样化于教育、公共管理和社会组织，2013 年以后，在教育投入的人力逐步增多，劳动专业化指数逐步升高。

第三，2003~2017 年，劳动专业化指数存在非线性变化，其中劳动专业化指数变化趋势成 U 型，先降后升的城市有：巴彦淖尔市（劳动专业化指数变动范围为 0.57~0.48~0.75）、来宾市（劳动专业化指数变动范围为 0.77~0.43~0.61）等。巴彦淖尔市前期变化不大，从专业化建筑业，到多样化于农林牧渔业、建筑业、教育等，随之到 2013 年后又专业化于公共管理和社会组织，劳动专业化水平先降低后升高。来宾市 2003~2009 年专业化于制造业，2009~2015 年多样化于制造业、教育、公共管理和社会组织等，2015~2017 年又逐步专业化于公共管理和社会组织。劳动专业化指数变化趋势成倒 U 型，先降后升的城市有：延安市（劳动专业化指数变动范围为 0.54~0.89~0.65）、安康市（劳动专业化指数变动范围为 0.62~0.78~0.47）。延安市在 2007 年以前劳动专业化程度较低为 0.5 左右，产业主要集聚在水利、环境和公共设施管理业，2007 年之后便开始专业化于采矿业，并且逐年递增，到 2011 年，劳动专业化指数达到 0.89，随后又增加在教育上的投入，劳动专业化程度逐渐降低。

第四，2003~2017 年，专业指数水平变动比较大，且成下降趋势的城市有：遂宁市（劳动专业化指数变动范围为 0.78~0.38）、广安市（劳动专业化指数变动范围为 0.89~0.28）、丽江市（劳动专业化指数变动范围为 0.75~0.59）、临沧市（劳动专业化指数变动范围为 0.85~0.51）、白银市（劳动专业化指数变动范围为 0.72~0.47）等。其中，遂宁市在 2011 年以前专业化于建筑业，劳动专业化水平较高，在 0.7 左右，2011 年之后逐步多样化于建筑业、教育、公共管理和社会组织业。丽江市在 2012 年以前专业化于公共管理和社会组织业，2012 年之后多样化于教育、公共管理和社会组织业，劳动专业化指数逐步降低。

第三节 劳动专业化对西部城市经济增长影响的实证检验

一、模型构建

为了能进一步探讨劳动专业化对西部城市经济增长的影响，本书借鉴 Rosenthal 和 Strange（2004）提出的研究经济外部性的模型框架，采用技术中性的柯布—道格拉斯生产函数作为模型的函数，如式（4-2）所示：

$$Y_{it} = A(H_{it}) f(K_{it}, L_{it}, X_{it}) \qquad (4-2)$$

其中，i 表示城市，t 表示年份。Y_{it} 表示城市 i 在 t 年的经济水平，K 表示资本投入，L 表示劳动力的投入，X 表示生产中其他需要投入的要素，如土地、人力资本、基础设施等。A 用来测度城市外部性，其函数 $A(H_{it})$ 通常与生产函数相乘，以检验城市外部性是否会显著影响该城市的经济发展水平。函数 f(·)的基本假定是规模报酬不变，一般用柯布—道格拉斯生产函数来对其具体化。此外，通常选取人均 GDP 来测度城市经济发展水平，将上述公式两边同时除以 L，结果如式（4-3）所示。

$$(Y/L)_{it} = A(H_{it})f\big[(K/L)_{it}, (X/L)_{it}\big] \tag{4-3}$$

由于函数为 C-D 生产函数，因此式（4-3）可以写为：

$$(Y/L)_{it} = h_{it}^{\alpha}k_{it}^{\beta}x_{it}^{\gamma} \tag{4-4}$$

为了避免回归中的异方差问题，再对式（4-4）两边取对数可得：

$$\ln y_{it} = \alpha \ln h_{it} + \beta \ln k_{it} + \gamma \ln x_{it} + \mu_{it} \tag{4-5}$$

其中，y 表示人均 GDP，h 表示外部性，k 表示人均资本，x 表示人均其他要素投入。由于本章主要考察专业化对城市经济增长的影响，故而假定城市外部性主要是由专业化程度带来的，因此我们引入 Spe_{it}，衡量专业化水平对经济发展的影响；引入 Spe_{it}^{2} 考察可能存在的非线性关系。对于其他可能投入要素的选取，本书基于之前学者们的研究，主要选择人力资本（HC）、政府作用（GOV）与城市基础设施（INF）（Brulhart and Sbergami，2009）。因此，可得回归方程如式（4-6）所示：

$$\ln y_{it} = \beta_0 + \beta_1 spe_{it} + \beta_2 spe_{it}^{2} + \beta_3 \ln k_i + \beta_4 \ln hc_{it} + \beta_5 \ln inf_{it} + \beta_5 \ln gov_{it} + u_{it} \tag{4-6}$$

二、变量说明及数据来源

本部分研究设置的因变量为我国西部地区地级市的经济发展水平，使用人均 GDP 对其进行衡量，数据来源为历年《中国城市统计年鉴》。此外，要将人均 GDP 进行平减以消除价格因素，进而得到人均实际 GDP。而目前我国并没有公布地级市层面的 GDP 平减指数，因此选择地级市所在省份的 GDP 指数，以 2003 年为基年，对其进行平减。其中，省级层面的 GDP 平减指数相关计算数据主要来源于历年的《中国统计年鉴》。

本部分研究中的解释变量有以下五个：

（1）spe：地区专业化指数。上文已经测算出西部地区 82 个城市的专业化指数，此指标也是本章研究的重点对象。

（2）lnk：人均固定资本投资。在古典经济增长模型中，物质资本的大量积累是经济发展的关键因素，本书借鉴李敬等（2007）、张艳和刘亮（2007）等学者的处理方法，物质资本的指标选取为人均固定投资总额。此外，使用固定资产指数对固定资产投资总额进行平减，进而得到西部地区的实际人均固定资产投资。

（3）lnhc：人均人力资本投入。在卢卡斯的新经济增长模型中，人力资本的积累能够推动整个社会的技术进步，对经济增长有显著的推动作用。且他认为国际增长的真正源泉是专业化的人力资本。基于此，本书选取各地级市的人均教育支出来衡量人均人力资本。

（4）lnfra：人均基础设施。城市完善的基础设施水平能在一定程度上降低产品的运输成本，提升企业的营商环境，促进地区之间进行贸易活动，进而可以推动地区的经济增长。在区位经济学中，运输成本是影响厂商区位选择和区位经济与贸易发展的重要因素。本书选取人均铺装道路面积来衡量城市的基础设施建设情况。

（5）lngov：政府作用的人均量。区域内政府的干预程度通常也会对经济的发展水平有着重要的影响作用，尤其在西部地区大开发的阶段，更不能忽略政府作用对于经济的影响。政府支出的领域通常对经济效率有着影响，如果政府支出多用于提升社会教育、医疗等公共服务水平，则会对经济效率的提高有促进作用；如果多用于行政开销，那么其对于经济发展的贡献度将会大大下降。本书选取人均财政支出来衡量政府对于市场和经济的干预程度。

针对上述与价值相关的变量，为消除其价格因素，本书选取了 CPI 指数对其进行平减，其中基期为 2003 年。上述变量数据的来源为《中国城市统计年鉴》《中国区域经济统计年鉴》《中国统计年鉴》及各个省份的统计年鉴。

通过对各个变量进行描述性统计，具体情况如表 4-2 所示。

表 4-2　各变量描述性统计

变量	人均 GDP （lny）	地区专业化 指数（spe）	人均固定资本 投资（lnk）	人均人力资本 投入（lnhc）	人均基础设施 （lnfra）	政府作用的 人均量（lngov）
均值	10.188	0.514	9.439	6.395	1.94	8.166

续表

变量	人均 GDP（lny）	地区专业化指数（spe）	人均固定资本投资（lnk）	人均人力资本投入（lnhc）	人均基础设施（lnfra）	政府作用的人均量（lngov）
标准差	0.835	0.177	1.119	0.929	0.724	0.973
最小值	7.828	0.128	6.484	3.931	−1.171	5.349
最大值	12.676	1.065	12.297	8.980	4.686	11.202
观测数	1230	1230	1230	1230	1230	1230

三、总体回归结果分析

本书根据前文构建的计量模型，对西部地区地级市的面板数据进行实证分析，以检验西部地区劳动力专业水平对其经济发展的影响效应。首先，我们对个体效应和混合效应进行检验，发现 F 统计量的 P 值为 0.000，强烈拒绝原假设，表明应选择个体效应模型。之后进行 Hausman 检验，结果显示 F 统计量的 P 值为 0.000，强烈拒绝原假设，因此最终应该选择个体固定效应模型来分析两者之间的关系。初步回归结果如表 4-3 所示，可以发现随机效应模型与固定效应模型中，各个变量的系数符号均相同，这也能说明回归结果存在稳健性。

表 4-3　基准回归结果

解释变量	模型（1）固定效应	模型（2）随机效应	模型（3）固定效应	模型（4）随机效应
地区专业化指数（spe）	0.0226 (0.4)	0.0287 (0.52)	0.3175* (1.87)	0.2129** (2.31)
人均固定资本投资（lnk）	0.3233*** (21.17)	0.3269*** (21.56)	0.3223*** (21.09)	0.3259*** (21.48)
人均人力资本投入（lnhc）	0.1818*** (8.11)	0.1583*** (7.12)	0.1825*** (8.15)	0.1590*** (7.16)
人均基础设施（lnfra）	0.0157*** (6.74)	0.1205*** (7.77)	0.1061*** (6.76)	0.1208*** (7.79)
政府作用的人均量（lngov）	0.0228*** (5.31)	0.1382*** (6.08)	0.1202*** (5.26)	0.1373*** (6.04)

解释变量	模型（1）固定效应	模型（2）随机效应	模型（3）固定效应	模型（4）随机效应
地区专业化指数的平方项（spe^2）			-0.2675^* （-1.74）	-0.2186^* （-1.85）
截距项（_cons）	4.7669*** （62.95）	4.7422*** （68.10）	4.7074*** （54.09）	4.6934*** （50.83）

注：括号内数字是 t 统计量，其中 * 、 * * 、 * * * 分别表示在 10%、5% 和 1% 水平上显著，下同。

根据表 4-3 的实证结果，可以发现西部地区劳动专业化对其经济发展存在促进作用，但其回归系数为 0.0226，没有通过显著性检验。主要原因可能在于，当劳动专业化处于低位水准时，尽管专业化生产损失了一些多样化偏好的满足，同时也能带来学习效应或规模经济的好处，但由于学习效应积累的正向效应往往会存在一定程度的"时滞"特征，所以在较短的时间内，劳动力专业化水平的提升对于经济增长的推动作用并不明显。此外，还可以发现，人均固定资本投资与人均人力资本投入对经济增长的促进作用相对比较显著，当两者每增加一个百分点，实际人均 GDP 将会显著增加 0.5051%。

本书通过在模型（3）和模型（4）依次加入劳动专业化指数的平方项，来检验地区专业化指数与经济增长之间可能存在非线性关系。结果显示，劳动专业化的一次项系数为正，而平方项系数为负，且均通过了 10% 的显著性检验，这说明西部地区劳动专业化和经济增长存在非线性关系，且呈现倒 U 型关系。即当劳动专业化水平处于低位时，提高其水平可以促进地区经济的增长，而当劳动专业化水平超过临界值后，地区经济的发展将会随之提高而出现下降趋势。从西部地区的总体情况来看，随着其产业集聚的不断发展，由此带来的知识外溢等正向效应将会促进地区经济的增长。而当产业集聚超过一定限度时，则可能会引发过度竞争、要素价格上升等拥挤效应，而一旦发生拥挤效应则会使经济发展速度变缓甚至倒退。综上所述，西部地区劳动专业化与经济增长呈现出倒 U 型关系。

四、分区域检验劳动专业化对经济增长的影响

在对西部地区整体情况进行实证检验后，本书又对西部地区进行划分，进而检验西部地区劳动专业化对经济增长是否会存在区域异质性。把西部地区的82个地级市分为西北、西南两个区域，其中，西北地区包括新疆、陕西、宁夏、青海、甘肃、内蒙古6个省市区，西南地区包括重庆、四川、贵州、云南、广西五个省市区。分区域研究地区专业化水平对经济增长的影响。首先，我们对个体效应和混合效应进行检验，发现 F 统计量的 P 值为 0.000，强烈拒绝原假设，表明应选择个体效应模型。其次，进行 Hausman 检验，结果显示 F 统计量的 P 值为 0.000，强烈拒绝原假设，因此最终应该选择个体固定效应模型来分析两者之间的关系。具体结果如表4-4所示。

表4-4 分区域回归结果

解释变量	模型（5）西北地区	模型（6）西南地区
地区专业化指数（spe）	−0.1475 （−1.38）	0.8063*** （3.00）
人均固定资本投资（lnk）	0.3329*** （14.41）	0.3237*** （15.27）
人均人力资本投入（lnhc）	0.2301*** （6.49）	0.1329** （4.63）
人均基础设施（lnfra）	0.0637*** （6.76）	0.1515*** （7.46）
政府作用的人均量（lngov）	0.1202*** （2.63）	0.1374*** （5.07）
地区专业化指数的平方项（spe^2）	0.1063** （2.00）	−0.7197* （−1.88）
截距项（_cons）	4.6814*** （29.67）	4.7066*** （46.60）

从表4-4可以看出，西北地区的劳动专业化系数，一次项系数为负而不显著，二次项系数显著为正，参照以往学者的研究，判定两者之间仍旧存在 U 型关系（苏红键，2012），说明西北地区产业集聚所带来的促进作用比拥挤效应出现得更晚。西南地区同整个西部地区的趋势相同，其劳动专业化水平与经济增长呈倒 U 型关系，且其专业化一次项和二次项的系数都在1%水平上显著，这种结果说明劳动专业化水平不管是过高还是过低，均不利于经济水平的提升。与西北地

区相比，西南地区可能会聚集更多的企业，而在产业集聚发生的初级阶段，其带来的诸如知识外溢等正向效应更加明显，进而能够对经济增长产生较大的推动作用。而随着集聚程度的进一步加深，生产同一种产品的企业不断增加，集聚的负外部性如过度竞争等则会不断凸显，即发生拥挤效应，进而对经济增长产生负面效应。在其他要素方面，西北和西南地区的人均固定资本、人均人力资本、基础设施、政府作用与经济增长都呈正相关，且均在1%水平上显著。说明这些要素对经济的促进作用非常明显。合理配置各种生产要素，将会对西部经济发展有着更大的促进力。

五、分城市规模检验劳动专业化对经济增长的影响

本书进一步将西部地区的各个城市按规模进行划分，来检验劳动专业化对经济增长的影响。划分标准则为国务院于2014年发布的城市规模划标准，具体情况如表4-5所示。

表4-5　城市规模划分标准

小城市		中等城市	大城市		特大城市	超大城市
Ⅱ型	Ⅰ型		Ⅱ型	Ⅰ型		
20万元以下	20万~50万元	50万~100万元	100万~300万元	300万~500万元	500万~1000万元	1000万元以上

依照表4-5中的划分标准，本书对西部地区各个城市的规模划分为四个档次：特大城市、大城市、中等城市和小城市。小城市中包括了乌海等19个城市，中等城市包括通辽等22个城市，大城市包括呼和浩特、成都、重庆等41个城市，分城市规模进行回归，回归结果见表4-6。

表4-6　分城市规模回归结果

解释变量	模型（7）小城市	模型（8）中等城市	模型（9）大城市	模型（10）小城市	模型（11）中等城市	模型（12）大城市
地区专业化指数（spe）	0.1876*（1.76）	−0.1281（−1.19）	0.0401（0.5）	−0.5507（0.99）	1.2164**（2.24）	0.6263*（1.86）

续表

解释变量	模型（7）小城市	模型（8）中等城市	模型（9）大城市	模型（10）小城市	模型（11）中等城市	模型（12）大城市
人均固定资本投资（lnk）	0.4252 *** (14.86)	0.3205 *** (10.60)	0.2703 *** (11.50)	0.4261 *** (14.86)	0.3107 *** (10.29)	0.2691 *** (11.47)
人均人力资本投入（lnhc）	0.2400 *** (5.67)	0.1058 *** (2.63)	0.2341 *** (6.56)	0.2403 *** (5.67)	0.1194 *** (2.97)	0.2328 *** (6.53)
人均基础设施（lnfra）	−0.0332 (−1.07)	0.2025 *** (6.46)	0.1310 *** (6.00)	−0.0351 (−1.12)	0.2052 *** (6.60)	0.1286 *** (5.89)
政府作用的人均量（lngov）	0.0516 (1.08)	0.1770 *** (4.31)	0.09616 *** (2.93)	0.0502 (1.05)	0.1743 *** (4.28)	0.0940 *** (2.86)
地区专业化指数的平方项（spe^2）				−0.2692 (−0.67)	−1.2344 ** (−2.53)	−0.6128 * (−1.79)
截距项（_cons）	4.0997 *** (23.51)	4.7265 *** (35.00)	5.1221 *** (47.77)	3.9907 *** (16.67)	4.4099 *** (24.03)	5.0368 *** (43.91)

从表4-6可以看出，在中等城市和大城市中，人均固定资本投资、人均人力资本投入、人均基础设施、政府作用对经济增长依然有显著的促进作用，而在小城市中，人均固定资本投资、人均人力资本对经济增长有显著的促进作用，人均基础设施对经济增长有抑制作用，但不显著，政府作用对经济增长的促进作用也不显著。未加入二次项之前，小城市的劳动专业化水平对经济增长有促进作用，且在1%的水平上显著，而在中等城市和大城市中，劳动专业化水平对经济的作用都不显著，说明对于小城市来说，一个或几个产业的专业化将更能发挥其比较优势，进而在一定程度上促进经济的增长。

模型（10）~模型（12）表明加入二次项后，可以发现西部地区小城市劳动专业化水平的一次项系数为负，二次项系数为正，但都未通过显著性水平的检验，说明小城市的劳动专业化对经济增长没有显著的非线性影响。而中等城市和大城市劳动专业化一次项系数为正，二次项系数为负，且都显著，说明其劳动专业化与经济增长存在着倒U型关系。这说明对于西部地区中大城市来说，过度提高产业集聚程度，一旦使其超过一定限度，反而会对阻碍其经济水平的提升。因此，为保证经济能保持稳定的增长，应适当调整产业结构，进而避免劳动专业化程度过高。

第四节　本章小结

首先，本章对劳动专业化影响经济增长的内在机理进行分析，采用了 2003～2017 年西部地区 82 个地级市的面板数据，使用克鲁格曼专业化指数（KSI）来对西部地区的劳动专业化水平进行测度，进而实证检验了对劳动专业化与经济增长的影响效应。整体样本检验结果显示：西部地区劳动专业化与经济增长存在倒 U 型关系。这说明西部地区的劳动专业化水平在临界值之前增加其水平将能推动经济增长，而超过临界值之后，劳动专业化水平反而会对经济发展有抑制作用。

其次，按区域和城市规模进行分组回归，分区域的回归结果显示：西北地区的劳动专业化与经济增长之间的关系为 U 型关系，西南地区劳动专业化与经济增长则与整体回归结果一致，呈现出倒 U 型关系；分城市规模的结果显示，西部地区中等城市和大城市的劳动专业化水平与经济增长存在着倒 U 型关系，小城市的专业化水平对经济增长有着显著的促进作用，因此西部小城市可通过提高劳动专业化水平的途径来促进经济发展，而大中城市更应调整产业结构，以防劳动专业化水平过高产生的拥挤效应抑制经济水平的提升。

第五章　西部地区专业多样化与经济增长

第一节　专业多样化影响经济增长的机理分析

基于分工理论来说，多样化与专业化是由于分工形成的两个方面。分工结构的不断演进，能够削减产业间的共同产品，而共同产品的减少会进一步导致产业种类的增加，因此就催生了专业多样化的产生。多样化经济同样存在知识溢出效应和劳动力与服务的共享效应，能够减少区域之间运输、获取信息等成本，并且多种互补的知识技术在不同产业的企业间的不断交换将会对创新水平有一定程度的推动作用，进而出现多样化外部性，最终可以促进经济水平的提升。对于多样化水平促进经济增长的微观机理，可以从以下三个方面进行概述：

第一，在新经济增长理论中，消费者具有多样性偏好的本能，因此专业多样化刚好可以满足消费者的这种"本能"的偏好，进而促进效用的提升。基于消费者效用的视角，市场中商品的种类与数量对其都存在直接的影响效应。因此对于一个地区来说，仅生产一种或少数集中产品，自然会对居民的效用产生负面影响。而产业多样化水平的提高即增加市场中商品的种类，不管地区之间是否存在贸易活动，都会对居民效用水平的提升有一定的促进作用。在新兴古典经济学理论中，个体是消费者的同时也是生产者，消费者的效用水平的提高，则能对劳动力的流入有正向效应。只有专业化水平高的地区提供的好处比消费者多样化偏好效应高时，这些个人才会选择离开多样化水平高的地区。此外，当生产者作为消费者时的效用在得以满足时，对其劳动生产率也会有促进作用，进而提升区域内的经济发展水平。因此，多样化水平能通过提升消费者的效用水平来促进经济增长。

第二，区域内专业多样化水平的提高则会促进创新水平的提升。Jacobs认为，产业集聚的多样化与差异化更能推动知识的溢出。当区域内出现新企业时，其对于产品生产的所有流程可能做不到完全了解，通常需要通过不断地实验最终可能才会找到理想化的实现路径。而产业多样化的出现则大大降低了企业试错的成本，因为相比专业化经济中企业之间通常为竞争关系，而多样化经济下的企业更可能为合作关系，因此将更有利于重要的知识技术溢出，进而能为区域内的各个企业提供"技术池"，可推动新企业的发展。

第三，专业多样化可以在一定程度上减少企业的生产成本。Hall（1959）通过对美国制造业的研究，发现企业的生产发展单靠自己提供各种生产要素，即"自给自足"时，将会比那些通过交易从其他行业获得所需生产要素的企业，花费更多成本，且生产效率也会相对低下。生产不同产品的企业进行集聚可以共享基础设施，且不同种类的要素集聚，也将提高生产要素的配置效率，加大企业与要素配对成功的概率，进而使企业的生产成本得以缩减。因此，生产也存在多样性偏好，不同产业的集聚将会增加中间品的种类，进而推动经济水平的提升。

第二节　西部地区专业多样化水平的现状分析

一、专业多样化指标的测量

与第五章的数据来源相同，本章选取西部地区82个地级市为研究样本，数据来源于 2004~2018 年公布的《中国城市统计年鉴》，即研究选取的时间段为 2003~2017 年。自 2004 年开始公布的《中国城市统计年鉴》对"按行业分组的单位从业人员"的统计口径进行了变更调整，2004 年之前统计的行业为 15 个，2004 年之后调整为 19 个，因此为了保证研究数据指标的连贯性与严谨性，将 2003 年作为研究的初始年份。另外，《中国城市统计年鉴》中所有地级市的数据均有市辖区数据和全市数据两个标准，由于全市数据中包括了市辖县的数据，而有些市辖县会随着时间的变化而变化，市辖区则相对稳定，所以本书选取的数据均为市辖区数据。

在 Dissart（2003）的研究中，对多样化水平衡量方面进行了归纳总结发现，学者们通常会使用以下三类指标来对其进行测度：①赫芬达尔多样化指数；②吉布斯—马丁指数；③相对多样化指数。本书中的专业多样化水平将采用赫芬达尔指数（HHI）的倒数来进行测度。其计算公式如式（5-1）所示。

$$\text{div} = 1/\text{HHI}_i = 1/\sum_{k=1}^{m} s_{ik}^2 \qquad (5-1)$$

其中，$s_{ik} = I_k / \sum_{k=1}^{m} I_k$ 表示在行业 k 的从业人员在所在地区 i 总从业人员的比例，m 表示产业的种类数。多样化指数的取值范围为 [1，m]，当其值等于 1 时，说明市场上存在完全垄断的情况，此时区域内的多样化水平最低；当其值为 m 时，说明所有企业的规模相同，即此时区域内存在完全多样化的情况。

二、西部地区专业多样化水平特征分析

根据上述方法及数据，本章对 2003~2017 年西部地区 82 个地级市市辖区的专业化多样化水平进行测度。同时将这 82 个城市分为 7 个区域，即内蒙古地区 9 个城市、广西地区 14 个城市、川渝地区 19 个城市、云贵地区 12 个城市、陕西地区 10 个城市、甘肃地区 11 个城市、青海宁夏及新疆地区 7 个城市，绘制成图 5-1~图 5-7。

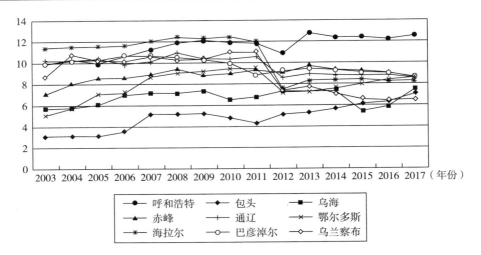

图 5-1 2003~2017 年内蒙古地区 9 个城市多样化指数趋势

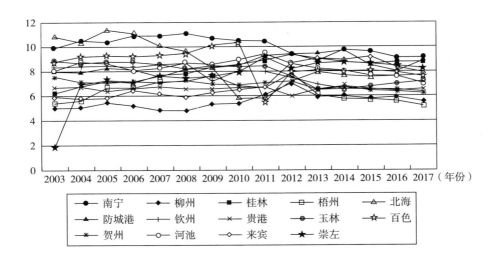

图 5-2 2003~2017 年广西地区 14 个城市多样化指数趋势

第一，西部城市整体多样化水平偏低，大多数城市的多样化指数在 4.0~8.0。川渝地区的多样化水平比较集中（见图 5-3），多样化指数基本保持在 3.0~8.0 浮动，其中变化幅度最大的是攀枝花市，多样化指数由 2003 年的 3.55 增长到 2017 年的 8.53。如甘肃、宁夏、新疆等这样的省份，地级市的多样化指

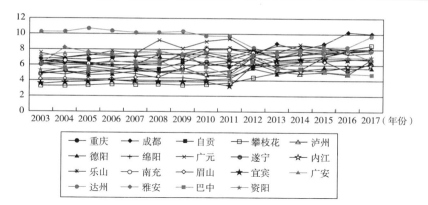

图 5-3　2003~2017 年川渝地区 19 个城市多样化指数趋势

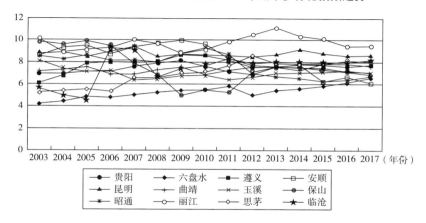

图 5-4　2003~2017 年云贵地区 12 个城市多样化指数趋势

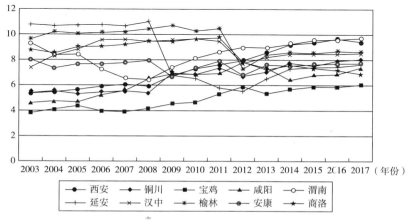

图 5-5　2003~2017 年陕西地区 10 个城市多样化指数趋势

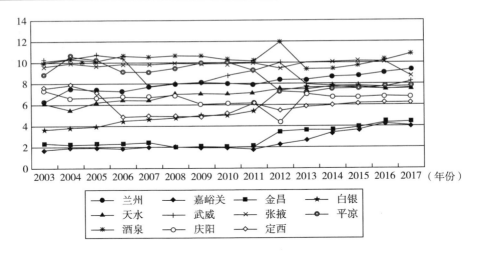

图 5-6　2003~2017 年甘肃地区 11 个城市多样化指数趋势

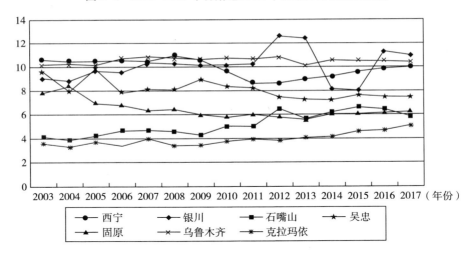

图 5-7　2003~2017 年青海宁夏及新疆地区 7 个城市多样化指数趋势

数普遍偏低，如嘉峪关市、金昌市、石嘴山市、克拉玛依市等的多样化指数基本保持在 2.0~4.0 的水平。多样化程度相对较高的城市主要分布在广西（见图 5-2）、陕西（见图 5-5）等省（市）。

　　第二，包头、普洱、临沧、白银、北海等城市的多样化水平变化较大，且这样的城市大多分布在内蒙古、云南、甘肃这样的省份。其中，包头市、普洱市、白银市的多样化水平随时间变化呈上升趋势，而临沧市、北海市的多样化水平变化相对复杂，临沧市从 2003 年的 5.59，上升到 2006 年的 9.24，随后又初步下降到 8.0 左右，总体趋势呈 U 型。北海市的多样化水平从 2003 年的 10.82 降到 2010 年的 5.79，继而又回升到 7.68。

第三，首先保持在相对较高的多样化水平上波动平稳的城市是乌鲁木齐市，浮动范围为 10.15~10.82，波动不大。其次是南宁市（多样化指数波动范围为 8.85~11.09）、达州市（多样化指数波动范围为 7.62~10.24）、呼和浩特市（多样化指数波动范围为 9.89~12.52）、银川市（多样化指数波动范围为 8.16~12.61）等。可以发现，多样化指数较高的城市大多为省会城市，一般来说，省会城市相比其他城市，城市规模更大，自然对于产业需求的多样化程度也较高。因此为了满足本地居民消费多样化性的需求，也就随之发展多种类产业。且省会城市拥有更加完备的基础设施条件，要素市场的发展也更加完善，对于产业多样化发展的包容度也就更高。

第三节　多样化对西部城市经济增长的实证检验

一、模型设定

为了能进一步探讨多样化水平对西部城市经济增长的影响，与第五章的经济模型相同，借鉴 Rosenthal 和 Strange（2004）提出的研究经济外部性的模型框架，采用技术中性的柯布—道格拉斯生产函数作为模型的函数，如式（5-2）所示：

$$Y_{it} = A(H_{it})f(K_{it}, L_{it}, X_{it}) \tag{5-2}$$

其中，i 表示城市；t 表示年份；Y_{it} 表示城市 i 在 t 年的经济水平；K 表示资本投入；L 表示劳动力的投入；X 表示生产中其他需要投入的要素，如土地、人力资本、基础设施等；A 用来测度城市外部性，其函数 $A(H_{it})$ 通常与生产函数进行相乘，以检验城市外部性是否会显著影响该城市的经济发展水平。函数

f(·)的基本假定是规模报酬不变，一般用柯布—道格拉斯生产函数来对其具体化。此外，通常选取人均GDP来测度城市经济发展水平，将上述公式两边同时除以L，结果如式（5-3）所示。

$$(Y/L)_{it} = A(H_{it})f[(K/L)_{it}, (X/L)_{it}] \qquad (5-3)$$

因为函数为C-D生产函数，因此式（6-3）可以写为：

$$(Y/L)_{it} = h_{it}^{\alpha}k_{it}^{\beta}x_{it}^{\gamma} \qquad (5-4)$$

为了避免回归中的异方差问题，再对式（6-4）两边取对数可得：

$$\ln y_{it} = \alpha\ln h_{it} + \beta\ln k_{it} + \gamma\ln x_{it} + \mu_{it} \qquad (5-5)$$

其中，y表示人均GDP，h表示外部性，k表示人均资本，x表示人均其他要素投入。由于本章主要考察专业多样化对城市经济增长的影响，故而假定城市外部性主要是由专业化程度带来的，因此我们引入div_{it}，衡量专业多样化水平对经济发展的影响；引入div_{it}^2考察可能存在的非线性关系。对于其他可能投入要素的选取，本书基于之前学者们的研究，主要选择人力资本（HC）、政府作用（GOV）与城市基础设施（INF）（Brulhart and Sbergami，2009）。因此，可得回归方程如式（5-6）所示：

$$\ln y_{it} = \beta_0 + \beta_1 div_{it} + \beta_2 div_{it}^2 + \beta_3\ln k_{it} + \beta_4\ln hc_{it} + \beta_5\ln inf_{it} + \beta_5\ln gov_{it} + \mu_{it} \qquad (5-6)$$

二、变量说明与数据来源

本部分研究设置的因变量为我国西部地区地级市的经济发展水平，使用人均GDP对其进行衡量，数据来源为历年《中国城市统计年鉴》。此外，要将人均GDP进行平减以消除价格因素，进而得到人均实际GDP。而目前我国并没有公布地级市层面的GDP平减指数，因此选择地级市所在省份的GDP指数，以2003年为基年，对其进行平减。其中，省级层面的GDP平减指数相关计算数据主要来源于历年《中国统计年鉴》。

本部分研究中的控制变量如下所示：

div：地区多样化指数，上文已经测算出西部地区82个城市的多样化指数，此指标也是本章关注的重点。

其余如 lnk、lnhc、lnfra、lngov 同第四章的变量一致。

通过对各个变量进行描述性统计，具体情况如表 5-1 所示。

表 5-1　各变量描述性统计

变量	人均 GDP（lny）	地区多样化指数（div）	人均固定资本投资（lnk）	人均人力资本投入（lnhc）	人均基础设施（lnfra）	政府作用的人均量（lngov）
均值	10.188	7.412	9.439	6.395	1.94	8.166
标准差	0.835	2.006	1.119	0.929	0.724	0.973
最小值	7.828	1.724	6.484	3.931	−1.171	5.349
最大值	12.676	12.793	12.297	8.980	4.686	11.202
观测数	1230	1230	1230	1230	1230	1230

三、总体回归结果分析

本书根据前文构建的计量模型，对西部地区地级市的面板数据进行实证分析，以检验西部地区多样化水平对其经济发展的影响效应。首先，我们对个体效应和混合效应进行检验，发现 F 统计量的 P 值为 0.000，强烈拒绝原假设，表明应选择个体效应模型。之后进行 Hausman 检验，结果显示 F 统计量的 P 值为 0.000，强烈拒绝原假设，因此最终应该选择个体固定效应模型来分析两者之间的关系。初步回归结果如表 5-2 所示，可以发现随机效应模型与固定效应模型中，各个变量的系数符号均相同，这也能说明回归结果存在一定的稳健性。

表 5-2　总体回归结果

解释变量	模型（1）固定效应	模型（2）随机效应	模型（3）固定效应	模型（4）随机效应
地区多样化指数（div）	0.0117**	0.0047***	−0.1014**	−0.1416**
	(2.37)	(2.59)	(−2.48)	(−2.69)
人均固定资本投资（lnk）	0.3143***	0.3231***	0.3148***	0.3208***
	(13.17)	(13.98)	(13.24)	(13.96)
人均人力资本投入（lnhc）	0.2025***	0.1625***	0.2181***	0.1875***
	(5.67)	(4.70)	(6.05)	(5.36)

解释变量	模型（1） 固定效应	模型（2） 随机效应	模型（3） 固定效应	模型（4） 随机效应
人均基础设施 （lnfra）	0.1101*** （4.47）	0.1398*** （5.93）	0.1105*** （4.50）	0.1361*** （5.80）
政府作用的人均量 （lngov）	0.1161*** （3.18）	0.1419*** （3.99）	0.1202*** （5.26）	0.1329*** （3.75）
地区多样化指数的 平方项（div^2）			0.0074*** （2.83）	0.0097*** （3.90）
截距项（_cons）	4.6714*** （36.50）	4.6278*** （35.99）	5.0191*** （28.36）	5.0851*** （29.31）

根据表5-2可知，通过实证检验发现，地区多样化水平的提高对西部地区的经济发展有着显著的正向作用。当多样化水平每提高一个百分点，西部地区的真实人均GDP将提高0.0117%，且通过了5%的显著性水平的检验。此外，还可以发现，人均固定资本投资与人均人力资本投资对经济增长的促进作用相对比较显著，当两者每增加一个百分点，实际人均GDP将会显著增加0.5168%。

本书通过在模型（3）和模型（4）依次加入专业多样化指数的平方项，来检验地区多样化指数与经济增长之间可能存在的非线性关系。估计结果表明，多样化指数的一次项为负，二次项为正，且在5%的水平上显著，说明地区多样化和经济增长存在非线性关系，与经济增长呈现U型关系。说明在西部地区的多样化水平需提高到某一临界值，才能对经济增长有着正向的影响。在其他生产要素方面，资本投入、人力资本投入、基础设施、政府作用都与经济增长呈正相关。

四、分区域检验多样化对经济增长的影响

在对西部地区整体情况进行实证检验后，本书又对西部地区进行划分，进而检验西部地区专业多样化对经济增长是否会存在区域异质性。本书把西部地区的82个地级市分为西北、西南两个区域，其中，西北地区包括新疆、陕西、宁夏、青海、甘肃、内蒙古6个省市区，西南地区包括重庆、四川、贵州、云南、广西五个省市区。分区域研究地区多样化水平对经济增长的影响。首先，我们对个体

效应和混合效应进行检验，发现 F 统计量的 P 值为 0.000，强烈拒绝原假设，表明应选择个体效应模型；其次，Hausman 检验，结果显示 F 统计量的 P 值为 0.000，强烈拒绝原假设，因此最终应该选择个体固定效应模型来分析两者之间的关系。具体结果如表 5-3 所示。

表 5-3　分区域回归结果

解释变量	模型（5）西北地区	模型（6）西南地区	模型（7）西北地区	模型（8）西南地区
地区多样化指数（div）	-0.0091 （-1.06）	0.0116* （1.70）	-0.2285*** （-6.18）	0.0282 （0.7）
人均固定资本投资（lnk）	0.3349*** （14.61）	0.3230*** （15.23）	0.3375*** （15.23）	0.3225*** （15.17）
人均人力资本投入（lnhc）	0.2382*** （6.59）	0.1263*** （4.33）	0.2781*** （7.82）	0.1248*** （4.25）
人均基础设施（lnfra）	0.0637*** （2.63）	0.1467*** （7.18）	0.0583** （2.49）	0.1465*** （7.16）
政府作用的人均量（lngov）	0.0849** （2.15）	0.1497*** （5.46）	0.0698* （1.83）	0.1509*** （5.47）
地区多样化指数的平方项（div^2）			0.0138** （2.09）	-0.0011 （-0.42）
截距项（_cons）	4.7142*** （35.15）	4.7825*** （48.51）	5.3612*** （31.98）	4.7307*** （29.86）

从表 5-3 可以看出，在未引入多样化水平的平方时，西北地区的多样化水平对经济增长有负向影响，但不显著。而西南地区的多样化水平对经济增长有促进作用，且在 10% 的水平上显著。且资本投入、人力资本、基础设施、政府作用对两个区域的城市都有显著的促进作用。

为了考察两个区域的多样化水平与经济增长是否存在非线性关系，特引入多样化指数的平方进行研究。西南地区的多样化系数，一次项为正，二次项为负，但均为通过显著性检验，说明在西南地区，两者之间并不存在非线性关系。西北地区的多样化指数的一次项系数为负且在 1% 的置信水平下显著，一次项系数为负且在 5% 的置信水平下显著，这说明在西北地区，专业多样化水平与经济增长之间呈 U 型关系。这也就是说西北地区的专业多样化水平需积累到某一临界值才能显著地推进区域经济增长。在其他投入要素方面，西北和西南地区的人均固定资本、人均人力资本、基础设施、政府作用与经济增长都呈正相关，且均在 1% 水平上显著。说明这些要素对经济的促进作用非常明显，合理配置各种生产要素，将会对西部经济发展有着更大的促进力。

五、分城市规模检验多样化对经济增长的影响

根据第五章对西部地区的城市划分的标准，本节分城市规模检验多样化对经济增长的影响。回归结果见表 5-4。

表 5-4 分城市规模回归结果

解释变量	模型（9）小城市	模型（10）中等城市	模型（11）大城市	模型（12）小城市	模型（13）中等城市	模型（14）大城市
地区多样化指数（div）	−0.0155 (−1.34)	−0.0061 (−0.66)	0.0229*** (2.81)	−0.1906*** (−4.11)	0.0028 (0.05)	−0.1065*** (−3.00)
人均固定资本投资（lnk）	0.4228*** (14.81)	0.3213*** (10.62)	0.2669*** (11.51)	0.4246*** (15.27)	0.3212*** (10.59)	0.2721*** (11.85)
人均人力资本投入（lnhc）	0.2537*** (5.86)	0.1143*** (2.82)	0.2160*** (5.99)	0.2892*** (6.70)	0.1124*** (2.64)	0.2171*** (6.09)
人均基础设施（lnfra）	−0.0289 (−0.90)	0.2000*** (6.38)	0.1234*** (5.73)	−0.0217 (−0.72)	0.2006*** (6.34)	0.1241*** (5.83)
政府作用的人均量（lngov）	0.0387 (0.79)	0.1680*** (4.08)	0.1155*** (3.47)	0.0196 (0.42)	0.1689*** (4.06)	0.1152*** (3.50)
地区多样化指数的平方项（div^2）				−0.0114 (3.90)	−0.0006 (−0.15)	−0.0087*** (−3.74)
截距项（_cons）	4.3588*** (25.70)	4.7219*** (30.72)	4.9732*** (42.92)	4.8497*** (23.35)	4.6957*** (20.04)	5.0368*** (34.25)

根据表 5-4 可以发现，在中等城市和大城市中，人均固定资本投资、人均人力资本投入、人均基础设施投入、政府作用对经济增长依然有显著的促进作用，在小城市中，人均固定资本投资、人均人力资本投入仍然能够显著地提升经济发

展水平，但人均基础设施投入则对人均真实产出存在不显著的阻碍作用，政府作用对经济增长的促进作用也不显著。在未加入二次项之前，西部地区的中小城市的多样化水平对经济增长有抑制作用，但都不显著。而大城市的多样化水平对经济增长有显著的促进作用。这说明对于西部地区的中小城市来说，专业多样化水平带来的外部性对经济增长的作用要小于大城市，主要原因在于，大城市中的要素市场的发展相对比较完善，且拥有品类丰富的产业与服务，能为企业的生存与发展提供多种可供选择的中间品与劳动力，可在一定程度上降低企业的生产成本。此外，不同产业的集聚更有利于知识的溢出，进而促进创新水平的提升，因此大城市拥有的规模优势将更有利于产业结构专业多样化的发展，进而可以促进其经济的快速发展。

模型（12）~模型（14）加入二次项后，可以发现西部地区的中小城市的多样化水平与经济增长之间不存在显著的非线性关系，而大城市的专业多样化指数的一次项系数为负，二次项系数为正，且均通过了显著性检验，这说明其专业多样化与经济增长之间存在 U 型关系，这也就是说大城市的专业多样化水平需增长到某一临界点，才可以显著地提升经济发展水平。在新经济增长理论中，经济的长期增长则必然是规模收益递增的规律引起的。这也就是说，城市规模的扩大，会为产业多样化的发展提供更好的环境与条件，进而产生较高的规模经济效应。此外，产业多样化水平的提升也更能满足消费者的多样性偏好需求，在新兴古典经济学理论中，个体是消费者的同时也是生产者，消费者的效用水平的提高，则能对劳动力的流入有正向效应。因此，当生产者作为消费者时的效用在得以满足时，对其劳动生产率也会有促进作用，进而提升区域内的经济发展水平。

第四节　本章小结

本章首先对专业多样化影响经济增长的内在机理进行分析，采用了 2003 ~

2017 年西部地区 82 个地级市的面板数据，采用赫芬达尔指数（HHI）的倒数对西部专业多样化水平进行测度，进而实证检验了专业多样化对经济增长的影响效应。整体样本的总体回归结果显示，西部地区专业多样化与经济增长之间存在 U 型关系。即西部地区的专业多样化水平需积累到一个临界值之后，才能对经济发展有显著的提升作用。

其次，对西部城市根据区域与城市规模进行分组回归，其中分区域的回归结果显示，西南地区专业多样化水平与经济增长之间不存在非线性关系，且对经济增长有着显著的促进作用，而西北地区的专业多样化水平则与经济增长之间存在 U 型关系。分城市规模的回归结果显示，西部地区中小城市的专业多样化水平对经济增长不存在显著的非线性影响作用，且多样化水平的提升对经济发展反而有抑制作用，而西部地区大城市的专业多样化水平与经济增长之间存在着 U 型关系，因此西部的大城市更应调整产业结构，通过积累多样化水平来促进经济增长。

第六章　西部地区生产迂回化与经济增长

第一节　生产迂回化影响经济增长的机理分析

自重农学派出现以后，人们就开始意识到，正是生产过程实现了经济活动中的价值创造，简而言之，生产过程推动了经济的发展。对于生产方式来说，主要有两种：一是简单生产，即不使用任何一种辅助工具的纯靠体力进行的生产；二是迂回生产，在辅助工具的帮助下间接地进行的生产。"迂可生产"的概念与理论最早是由著名经济学庞巴维克在19世纪末提出的，他认为迂回的生产方式能够在付出同等劳动的条件下获得更多的成果，或者同等的成果能够以更少的劳动来获得。简单生产无法保证生产耗费能够得以补偿，主要是因为"熵"的存在使得简单生产中所付出的体力耗能无法在最终取得的收益中得以体现，并且也不能化解生产过程中自然环境带来的风险，因此只有迂回化的生产方式才能保证经济活动中价值创造的持续与长久。

迂回化生产之所以能持续不断地进行价值创造，主要原因在于，迂回生产借助了比人类体力更强且更灵活的力量来进行生产活动，且迂回化程度的加深表示将生产"从有限而昂贵的人类劳动转移到丰富的自然力上去"（庞巴维克，

1995)，这些被使用的诸如水、蒸汽等的自然力，也并不需要任何的花费。长此以往，随着社会的发展，会使生产设备、房屋、存货等中间品不断积累，加深了生产迂回化程度，进而能够创造更多的价值。

大多数经济学家认为所谓的迂回生产方式的本质就是使用资本的生产方式，萨缪尔森与诺德豪斯在20世纪末提出，资本的性质就是涉及了生产过程的迂回化，且借助资本将会对生产力水平有极大的提升作用。资本的本质是在迂回化生产的过程中通过耗费一定的财富来进行投资，形成资本品，进而实现价值创造的过程。这也就是说，只有将货币财富通过迂回化生产预支出去形成资本品，才能构成资本，而资本品的获得都是通过迂回化生产才能得以形成的。因此，经济活动中的价值创造是通过垫支资本形成资本品的迂回化生产实现的。随着社会的不断发展，分工不断细化，生产迂回化程度不断加深，则资本品的种类也会不断增加，进而会使生产商品的产业链条不断延伸，提高生产效率，最终推动经济的增长。

第二节　生产迂回化和经济增长的现状分析

如上文所述，生产迂回化本质上通过投资形成资本品，进而借助资本品来生产最终产品的过程。而固定资产投资就是用来增加资本品种类的投资，因此本章选取固定资产投资额来衡量西部地区的生产迂回化程度。

一、西部地区固定资产投资规模与经济增长演变历程

如图6-1所示，总体来说，2003~2013年西部地区固定资产投资总量一直保持增长势头，其增速仍有较大的起伏，2004~2010年，西部地区的固定资产投资增速一直在25%以上，2009年增速为38.35%，达到顶峰。2010年后固定资产投资增速放缓，2013~2017年增速大幅度下跌。

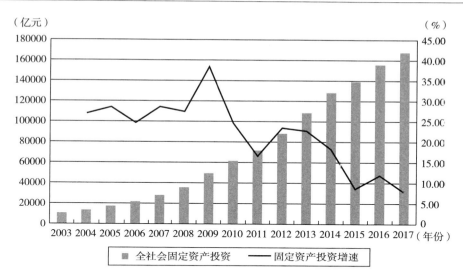

图6-1　西部地区固定资产投资规模及增速变化趋势

资料来源：历年《中国统计年鉴》。

从图6-2可以看出，固定资产投资增长与经济增长都呈现出较大的波动性。从波峰波谷的位置来看，两者的波动变化较为一致，呈现出几乎一致的周期性。2003~2008年，西部地区固定资产投资增速与GDP增速波动一致，但在2009年，前者达到最高点，后者却跌至谷底。2009年之后，GDP增速有短暂的增长期，随后缓慢下降，固定资产增速总体呈下降趋势。这是由于在2008年爆发的次贷危机继而引发了席卷全球的金融危机，使投资者对资本市场价值失去信心，经济发展速度放缓。面对世界金融危机给我国经济发展带来的严重负面影响，国家对经济政策都进行了调整，将之前实施的稳健的财政政策与从紧的货币政策调整为积极的财政政策和适度宽松的货币政策，主要目的在于促进经济平稳增长，以此减少金融危机对我国经济的损害，所以2009年西部地区固定资产增速达到38.35%。2010年，西部地区GDP增速增加至21.60%，这也说明了在金融危机带来的巨大冲击面前，固定资产投资对保持西部地区经济的稳定发展起到了一定的作用。

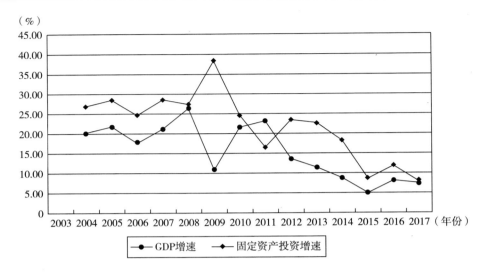

图 6-2 2003~2017 年西部地区 GDP 增速与固定资产投资增速

资料来源：历年《中国统计年鉴》。

2013 年之后，西部地区的固定资产投资增速开始呈下降趋势，GDP 增速也逐渐放缓，这可能是由于受到国外经济形势的影响，我国出口贸易也随之受限，进而导致国内产能过剩、投资疲软等一系列连锁问题。2017 年西部地区的固定资产投资增速降低至 7.8%，GDP 增速降低至 7.43%，这说明了当前西部地区产业之间的结构性失衡在一定程度上限制了经济发展，因此亟须进行供给侧结构性改革。

二、西部地区固定资产投资的区域分布现状

（一）投资相对份额普遍扩大

所谓固定资产投资份额，就是指区域内的固定资产投资在 GDP 中所占的份额。通过计算得到西部地区各个省份的 2013~2017 年固定资产投资份额，如表 6-1 所示。

表 6-1　2013~2017 年西部地区各省份固定资产投资份额　　单位：%

省（区、市）　　年份	2013	2014	2015	2016	2017
内蒙古	84.04	99.00	76.84	83.19	87.06
广西	82.41	88.33	96.58	99.56	110.67
重庆	81.63	86.14	91.32	90.46	90.28
四川	77.02	81.71	84.94	87.48	86.27
贵州	91.18	97.40	104.22	112.12	114.50
云南	84.25	89.73	99.13	109.00	115.63
陕西	91.85	97.18	103.11	107.35	108.77
甘肃	103.12	115.32	128.92	134.22	78.12
青海	111.26	124.22	132.83	137.15	147.95
宁夏	102.85	115.32	120.39	119.74	108.27
新疆	91.57	101.88	115.96	106.61	111.09

根据表 6-2 可以发现，在西部地区的 11 个省份中，其固定资产投资份额均呈总体上升趋势，其中，内蒙古、重庆、四川的增长幅度较小，贵州、云南、青海的增长幅度较大，甘肃、宁夏前期增长幅度较大而 2016~2017 年其固定资产投资份额却大幅下降。总的来说，在供给侧结构性改革的大背景下西部地区各个省份的固定资产投资份额明显呈上升趋势，这表明西部地区仍在采取"投资驱动"的方式来缓解经济下行的压力。

（二）两大区域间投资比重及增速差距逐步扩大

我们根据第六章的分类，把西部地区分为西北、西南两个区域，其中，西北地区包括新疆、陕西、宁夏、青海、甘肃、内蒙古 6 个省级行政单位，西南地区包括重庆、四川、贵州、云南、新疆 5 个省级行政单位，从区域的层面进行分析。通过汇总与计算可以得到西南与西北地区 2013~2017 年的固定投资总额与增速情况，如表 6-2 所示。

表6-2　2013~2017年西部地区的固定资产投资总额及增速

年份	西北地区		西南地区		西部地区		全国	
	投资总额（亿元）	增速（%）	投资总额（亿元）	增速（%）	投资总额（亿元）	增速（%）	投资总额（亿元）	增速（%）
2013	48373.9	23.39	60010.9	22.14	108384.8	22.69	440638.7	19.55
2014	58150.5	20.21	69971.5	16.60	128122	18.21	505752	14.78
2015	58567.6	0.72	80553	15.12	139120.6	8.58	556447.2	10.02
2016	63179.1	7.87	92420.3	14.73	155599.4	11.85	601087.6	8.02
2017	63361.5	0.29	104378.1	12.94	167739.6	7.8	636018	5.81

资料来源：历年《中国统计年鉴》。

根据表6-3可以发现，西南地区固定资产投资占西部地区的比重较大，固定投资增速逐步降低但相对平稳，且高于全国平均增速。西北地区的固定资产投资增速从2015年开始基本停滞，远低于西部及全国平均水平，这可能是西北地区的产能过剩与居民消费不足的情况更为严重，进而导致了其社会生产投资增速下降。总体来说，西部地区在供给侧结构性改革的背景下固定资产投资增速较快，除2015年较低外，其余四年的增速均高于全国平均增速，但西南、西北两个区域间的固定资产增速存在较为明显的差距。

通过计算2003~2017年西北、西南两大地区固定资产投资占西部地区的比重，画出趋势图（见图6-3）。结合图6-3可以发现，两大地区的固定资产投资占西部地区的比重差距在2014年之前呈现出收敛的趋势，而在2014年之后差距却逐步扩大。截至2017年，西南地区的固定资产投资比重上升至62.23%，而西北地区的固定资产投资比重则下降到37.77%。

总而言之，在供给侧改革的背景下，西南、西北两个区域固定资产投资比重及增速的差距在近几年逐步扩大。而西部地区的固定资产投资规模仍然较大，增速也相对较快，这是因为在短期内西部地区需增加固定资产投资来弥补房地产投资、消费回调等出现的下滑以保证GDP平稳增长，在长期内通过增加投资来弥补自身基础建设落后的短板。

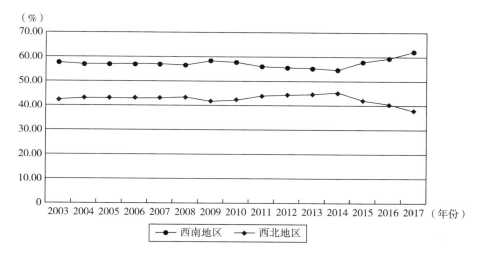

图 6-3　两大地区固定资产投资占西部地区的变化

第三节　实证检验

一、变量选取

（一）被解释变量

本书选取西部地区 82 个地级市 2003~2017 年的国民生产总值作为经济增长的代理变量，并以 2003 年为基期，使用各省的 GDP 指数对各市的 GDP 进行平减，获得实际 GDP。

（二）核心解释变量

本书使用固定资产投资作为生产迂回化的衡量指标，学者们对于投资总量一般选用两个指标：一是固定资本形成总额，二是全社会固定资产投资，由于前者主要表示的是投资的需求，因此本章选取后者作为测量西部地区的固定资产投资总量。同时，以2003年为基期，使用各省的固定资产投资价格指数对各市的固定资产投资进行平减以消除价格因素，获得投资的实际数额。

（三）控制变量

本书还选取了其他影响经济发展水平的控制变量，主要有以下四个：

（1）劳动力。改革开放以来，增加劳动力的投入对我国经济的快速发展有着极为重要的促进作用。已有多位学者证明劳动力对经济增长有显著影响（蔡昉等，2004；陈卫等，2007；马忠东等，2010）。本书选用地级市的单位就业人数来作为劳动力的代理变量。

（2）对外开放。在全球化逐渐深入的背景下，对外开放可以通过自由贸易来扩大市场规模，提升自身的专业化分工水平，促进生产要素的优化配置，进而推动国内产业结构的优化升级，最终实现经济的可持续发展。本书使用地级市的进出口贸易总额来衡量对外开放水平。此外，我国公布的进出口贸易额通常是以外币标价的，因此本书使用年均汇率对其进行了调整。

（3）技术进步。技术进步是经济增长中最为重要的因素，更是推动其持续发展的源泉。技术进步能够促进产业与经济结构的优化调整，提高劳动生产率，且对分工深化也有着根本性的作用，对我国经济的长期发展起到了至关重要的作用。本书使用各地的专利授权数来表示各地区的技术进步水平。

（4）基础设施建设。提升基础设施水平能为经济发展提供更为优良的外部环境，可降低交易成本，促进资源的优化配置，促进市场竞争，进而激发全要素生产率，提高经济增长速度。本书使用人均铺装道路面积来代表一个城市的基础设施状况。

上述变量的数据来源于《中国区域经济统计年鉴》《中国城市统计年鉴》《中国统计年鉴》以及各地级市的国民经济和经济发展统计公报，部分缺失数据通过线性拟合法和平滑指数法补齐。

二、模型构建

根据上述讨论，本节设定如下函数：

$$Y=f(fai, l, open, tech, fra)\qquad(6-1)$$

其中，Y 表示经济增长水平，fai 表示固定资产投资，l 表示劳动力，open 表示对外开放水平，tech 表示技术进步水平，fra 表示基础设施建设。由于本章研究的重点是生产迂回化对于经济增长的影响，所以将衡量生产迂回化程度的固定资产投资作为核心解释变量，基于式（6-1）构建实证模型如式（6-2）所示，其中，i 表示地区，t 表示年份。

$$\ln Y_{it}=\alpha_0+\alpha_1\ln fai_{it}+\alpha_2\ln l_{it}+\alpha_3\ln open_{it}+\alpha_4\ln tech_{it}+\alpha_5\ln fra_{it}+\varepsilon_{it}\qquad(6-2)$$

为保证数据的平滑性，本书对经济增长、固定资产投资、劳动力、对外开放、技术进步、基础设施建设这些变量进行对数化处理，从而减少计量分析中可能出现的异方差问题。对各个变量进行描述性统计，如表6-3所示。

表6-3 变量的描述性统计

变量	均值	标准差	最小值	最大值	变量解释
经济增长（lnY）	6.01	0.95	3.45	9.43	国民生产总值的对数值
固定资产投资（lnfai）	6.11	1.30	2.98	10.11	全社会固定资产投资的对数值
劳动力（lnl）	3.08	0.78	1.40	6.90	单立从业人数的对数值
对外开放（lnopen）	2.82	2.08	-6.44	8.67	进出口贸易总额的对数值
技术进步（lntech）	5.12	1.73	0.69	10.67	专利授权数的对数值
基础设施建设（lnfra）	1.94	0.72	-1.17	4.69	人均铺装道路面积的对数值

三、总体回归结果分析

对上述计量模型进行 OLS、固定效应和随机效应回归，西部地区全样本的回归结果如表6-4所示。并对三个回归进行 LSDV 法检验与 Hausman 检验，P 值均为 0.000，说明强烈拒绝原假设，据此应该选择个体固定效应模型。

表6-4 西部地区全样本回归结果

变量	OLS （1）	FE （2）	RE （3）
固定资产投资（lnfai）	0.343*** （10.726）	0.337*** （44.008）	0.327*** （41.968）

续表

变量	OLS （1）	FE （2）	RE （3）
劳动力（lnl）	0.372*** （8.806）	0.064*** （3.374）	0.139*** （7.624）
对外开放（lnopen）	0.052*** （4.299）	0.016*** （2.975）	0.025*** （4.738）
技术进步（lntech）	0.101*** （3.795）	0.110*** （16.248）	0.111*** （15.824）
基础设施建设（lnfra）	0.025 （0.528）	0.089*** （8.954）	0.081*** （7.998）
截距项（_cons）	2.058*** （13.399）	2.968*** （61.359）	2.789*** （52.243）
N	1230	1230	1230
R^2	0.918	0.954	0.953
adj. R^2	0.918	0.951	0.952
F	618.070	4759.437	3992.400
p	0.000	0.000	0.000

第一，固定资产投资的系数为正，且在1%的置信水平下显著，说明投资促进西部地区的经济增长，且当固定资产投资增加一个百分点，西部地区的实际GDP将增加0.337%。固定资产投资作为资本积累的重要途径，对经济发展有着显著的促进作用，因此政府通常将其作为宏观经济调控的首要手段。但需要重点关注的是，近年来西部地区的固定资产投资的增速呈现出下降的态势，2009~2017年，其从38.35%下降至7.8%，这表明西部地区的固定资产投资规模正在不断萎缩。主要原因可能在于以下两个方面：一是2008年引发的全球金融危机对我国经济产生了较为严重的负面影响，也使西部地区出现经济下行的阶段，进而制约了固定资产投资的增速；二是我国目前正处于经济结构调整改革期，正在全力摆脱对于粗放式经济发展模式的依赖，西部地区经济的结构性矛盾更为严重，亟须深度调整改革，进而也会对固定资产投资增速产生一定的负面影响。

第二，总体回归结果显示，控制变量对于西部地区经济发展的影响系数也基本与预期一致。劳动力水平（lnl）、对外开放水平（lnopen）、技术进步（lntech）和基础设施建设（lnfra）的系数显著为正，且均通过 1% 的显著性水平检验，说明这几个控制变量的提高均会促进经济增长。西部地区的就业水平每提升 1%，地区的 GDP 将增长 0.064%，劳动力在西部地区经济发展中起到显著的促进作用，从侧面反映西部地区的经济发展依旧依赖高资本、高劳动力投入的粗放式增长模式。对外开放程度显著提高经济发展水平，这一结论也符合我国的现实情况。技术进步显著促进西部经济增长，说明科学技术水平更高的地区，也会对经济的增长产生更为显著的促进作用。基础设施建设的影响系数显著为正，表示基础设施水平的提升能够降低交易成本，有利于知识外溢，优化资源配置，促进市场扩张，进而提高经济发展水平。

四、生产迂回化对经济增长的异质性影响

在得到西部地区总体样本的回归结果之后，考虑到固定资产投资对经济增长的影响可能存在区域异质性，因此进一步按照区域进行分组，以考察在不同区域条件下固定资产投资对经济增长的异质性影响。如上文所示，本书把西部地区的 82 个地级市分为西北、西南两个区域。此外，根据国务院印发的城市规模的划分标准，将样本中西部地区的各个城市划分为三个档次：大城市、中等城市和小城市。小城市中包括乌海等 19 个城市，中等城市包括通辽等 22 个城市，大城市包括呼和浩特、成都、重庆等 41 个城市分城市规模进行回归，并进行了 LSDV 法检验与 Hausman 检验，P 值均为 0.000，说明强烈拒绝原假设，据此应该选择个体固定效应模型。具体结果如表 6-5 所示。

表 6-5　异质性分析的回归结果

变量	西北地区 （4）	西南地区 （5）	小城市 （6）	中等城市 （7）	大城市 （8）
固定资产投资（lnfai）	0.348*** （26.002）	0.328*** （39.528）	0.352*** （17.653）	0.333*** （27.049）	0.324*** （30.231）

续表

变量	西北地区 （4）	西南地区 （5）	小城市 （6）	中等城市 （7）	大城市 （8）
劳动力（lnl）	0.044 （1.222）	0.086*** （4.471）	0.047 （1.139）	0.085** （2.117）	0.061** （2.349）
对外开放（lnopen）	0.010 （1.075）	0.019*** （3.300）	0.003 （0.261）	0.013 （1.536）	0.027*** （3.577）
技术进步（lntech）	0.105*** （9.182）	0.117*** （15.248）	0.103*** （6.414）	0.108*** （10.670）	0.122*** （11.579）
基础设施建设（lnfra）	0.110*** （6.713）	0.062*** （5.377）	0.101*** （4.020）	0.081*** （4.755）	0.089*** （6.866）
截距项（_cons）	2.840*** （30.382）	3.049*** （63.326）	2.658*** （24.528）	2.853*** （30.939）	3.157*** （45.966）
N	555	675	285	330	615
R^2	0.933	0.973	0.916	0.966	0.967
adj. R^2	0.927	0.971	0.908	0.963	0.964
F	1421.406	4548.453	565.831	1728.840	3284.367
p	0.000	0.000	0.000	0.000	0.000

根据表6-5，由模型（4）和模型（5）可知，固定资产投资在西北、西南地区均对经济增长有显著的促进作用，但对于西北地区的促进作用要大于西南地区。由模型（6）~模型（8）可以发现，西部地区的固定资产投资在小城市、中等城市、大城市均会促进经济发展，且在1%的显著性水平上显著，但随着城市规模的增大，对经济的促进作用反而减小。由此可知，在西部地区，固定资产投资对经济增长的促进作用随着经济发达程度而减小，主要原因在于固定资产投资存在边际递减效应，过多的投资不利于消费水平的提高，进而影响经济增长。而根据现实情况可知，西部地区的固定资产投资还有上升的空间，有效的投资依然是拉动经济增长的重要因素，但同时也需要将投资强度保持在合理适度的范围内。

五、稳健性检验

固定资产投资对于经济增长有正向的促进作用，而经济的增长会使投资水平提高，因此经济增长与固定资产投资之间可能存在双向因果关系，导致模型出现内生性问题。为缓解内生性带来的影响，本书将固定资产投资滞后一期为工具变量，进而采用 GMM 模型来进行检验，结果如表6-6 所示。

表6-6　内生性检验结果

变量	总样本 （9）	西北地区 （10）	西南地区 （11）	小城市 （12）	中等城市 （13）	大城市 （14）
固定资产投资 lnfai 滞后一期（L. lnfai）	0.028 * （1.900）	0.054 *** （3.350）	0.055 *** （2.885）	0.057 *** （3.154）	0.002 （0.133）	0.034 （1.437）
固定资产投资（lnfai）	0.284 *** （25.287）	0.306 *** （19.868）	0.292 *** （27.210）	0.362 *** （18.628）	0.280 *** （22.177）	0.264 *** （17.986）
劳动力（lnl）	−0.082 ** （−2.085）	−0.161 *** （−3.150）	0.061 （1.622）	−0.103 * （−1.805）	0.015 （0.329）	−0.039 （−1.013）
对外开放（lnopen）	0.084 *** （6.634）	0.029 ** （1.988）	0.044 *** （4.553）	0.022 * （1.739）	0.046 *** （4.142）	0.062 *** （5.459）
技术进步（lntech）	0.170 *** （13.079）	0.201 *** （12.766）	0.125 *** （10.229）	0.133 *** （8.888）	0.171 *** （13.935）	0.200 *** （11.417）
基础设施建设（lnfra）	0.099 *** （4.286）	0.039 （1.556）	0.137 *** （6.613）	0.106 *** （3.980）	0.051 *** （2.697）	0.057 ** （2.447）
N	1066	481	585	247	286	533
p	0.000	0.000	0.000	0.000	0.000	0.000

根据表6-6 可以发现，GMM 估计的各个样本中，核心解释变量固定资产投资的系数依然显著为正，控制变量中除了劳动力系数符号有所变化，其余均与上述回归基本一致，因此说明本书的结果是稳健的。

第四节　本章小结

本章首先对生产迂回化影响经济增长的内在机理进行了阐释，鉴于生产迂回化本质上通过投资形成资本品，进而借助资本品来生产最终产品的过程，选取固定资产投资作为生产迂回化的代理变量，采用了 2003~2017 年西部地区 82 个地级市的面板数据，实证检验了生产迂回化与经济增长之间的关系。总体回归结果显示，西部地区生产迂回化程度对经济增长有显著的促进作用。同时，对两者之间的关系进行区域异质性分析，回归结果发现，不管是西南还是西北，抑或是不同规模的城市，生产迂回化对经济增长的促进作用都很显著，但促进作用随着经济发达程度而减小。此外，鉴于生产迂回化与经济增长可能存在的互为因果的内生性问题，将核心解释变量滞后一期作为工具变量，用 GMM 方法进行估计，发现结果依然稳健。

第七章　西部地区经济组织化与经济增长

第一节　经济组织化影响经济增长的机理分析

新制度经济学对交易费用理论、基本假说及研究方法等进行了详细的论述，已经构建了比较直观的新制度产业组织结构理论。新制度经济学认为制度作为一种公共产品，其创新与变迁往往是需要集体行动的，而人们通常会选择合作的方式来提升行动的效率水平以实现集体目标。经济活动也是如此，需要合作与竞争来促进贸易的繁荣，经济活动中的合作是为了降低和避免市场或自然环境带来的风险，提升全体的利益水平；竞争主要是为了能在经济活动中取得更加有利的经济地位，获得更多的收益。合作则会促使经济组织的产生。

经济组织化是通过节省外生和内生交易成本促进经济增长，提高经济组织化程度，是全面实现经济增长的突破口之一。主要体现在以下四个方面：一是经济组织的合作促使人们进行集体生产，促进生产规模进一步扩大，降低了交易费用，同时又会带来规模经济效益。二是经济组织中能催生社会资本，人们长期的合作能够使其对合作对象有更加深入的了解，有利于知识技术的外溢，提高生产者的主观能动性，进而促进集体目标的顺利实现。三是经济组织中会产生一定的社会规范，而这种规范能够形成某种"社会嵌入性"，成为约束自身的行为规范，可以有效解决公共物品供给中的"搭便车"问题。四是在经济组织中产生社会规范也是对市场经济产生的主要推动作用。因为经济合作规范能够催生信任格局，进而在要素与产品市场化的过程中能够起到降低交易费用、提高交易效率的作用，而这一特点在我国从计划经济转向市场经济的过程中得以显著体现。因此，可以发现，经济组织化对中国经济增长的影响主要在于降低交易成本，提升交易效率，推动市场化经济的进程。

因此，经济组织的产生与发展正是市场经济产生的前提。随着社会的发展，一方面，财富的不断积累增加了人们的消费需求，进而贸易活动逐渐繁荣起来，人们日益增长的消费需求促进了商品的生产，商人也会通过结成各种贸易组织来进行生产交易活动以获取更多的财富，而正是这种经济组织形成与发展塑造了市场经济极具效率的特征。另一方面，市场经济中规模效益的提升也推动了经济组织化。一般来说，具有市场交易优势的企业才可以在交易中取得有利的竞争地位，而这种市场优势正是通过降低成本、产生规模效益的组织化生产与经营来获得的，同时企业也需要不断进行经济组织的调整优化来适应市场经济中的竞争机制。因此，是市场经济内在竞争机制推动了经济组织的优化调整。

第二节　西部地区经济组织化的现状分析

从第六章可知，经济组织化是市场经济产生的前提，而市场经济又会推动经济组织化的优化调整，鉴于我国并未直接公布经济组织化的数据，基于数据的可得性，本书选用市场化指数来衡量经济组织化程度。

该市场化指数的数据是从樊纲等编著的《中国市场化指数》（2011）以及王小鲁等编著的《中国分省份市场化指数报告》（2016）中获取的，由于这些报告的数据只涉及到1997～2014年，本书直接提取2003～2014年数据，同时采用俞红海等（2010）的处理方式，选取 2008~2014 年各地区指标的年平均增长幅度作为 2014~2015 年、2015~2016 年以及 2016~2017 年的年增长幅度，来获取 2015~2017 年的市场化指数。此外，由于王小鲁等编著的市场化指数的初始年份为 2008 年，且与樊纲等（2011）测算的市场化指数相比，其中一些基础构建的指标也不相同，因此简单地将 2003~2007 年与 2008~2017 年的数据合并使用时进行横向比较并不准确，在下文的实证检验中，会有相应的处理。因此，本节截取 2008~2017 年的数据，来对西部地区的经济组织化进行比较分析。

一、西部地区经济组织化的时间演变分析

本书采用的市场化指数来衡量西部地区的经济组织化水平，此市场化指数是由多个维度构成的，其二级指标主要有五个：一是政府与市场的关系，二是非国有经济的发展，三是产品市场的发育程度，四是要素市场的发育程度，五是市场中介组织发育和法律制度（樊纲等，2011）。西部地区市场化总指数及二级分指数 2008~2017 年的变化情况如图 7-1 所示。对于变异系数，是指研究对象观测值的变异程度或离散程度，即观测值的离散程度随变异系数的上升而上升，反之亦然。在本书的研究中，使用变异系数主要来表示西部地区各个省份之间市场化水平的差异程度。它能够更加清晰地将各个省份的市场化水平差距随着时间的推移展现出来，具体情况如图 7-1 所示。

根据图 7-1，我们发现在西部地区市场化水平总指数方面，在 2008~2017 年，除 2008~2010 年出现短暂地下滑外，总体呈上升趋势，西部地区市场化平均水平从 4.57 上升到 5.62。变异系数缓慢增长，从 0.21 一路上升至 0.34，这说明西部地区市场化总体水平的差距逐年增大。

在政府与市场关系方面，总体呈缓慢下降的趋势。2008~2013 年的下降趋势较为明显，2013~2014 年出现短暂的上升，继而其下降趋势减缓。政府与市场关系在 2008 年为 5.92，高出当年的市场化水平 1.35，但经过 10 年的下降，在 2017 年时，西部地区的政府与市场关系水平下降至 4.14，已经低于市场化总体水平 1.48。可以说，西部地区政府部门的改革进程滞后于市场化建设各方面的平

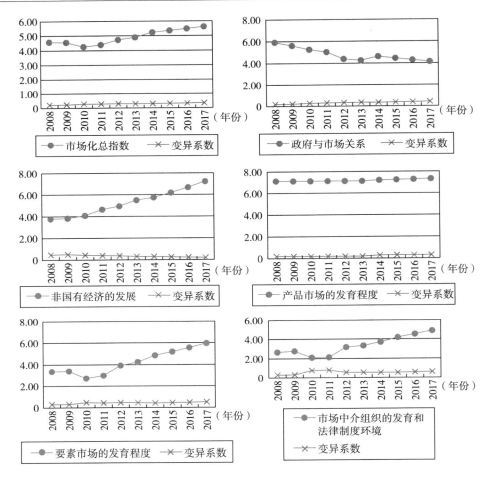

图 7-1 西部地区市场化总指数、分指数及变异系数

均水平。政府与市场关系方面的变异系数在样本期间呈上升趋势,在 2008 年和 2009 年分别为 0.18 和 0.20,低于市场化总体水平的 0.21 和 0.22,即在研究样本的起始年间,西部地区各个省份在政府与市场关系方面的差距要小于其在市场化总体水平上的差距。而西部地区各个省份政府与市场关系变异系数的增长速度比市场化总体水平变异系数的增长速度要大,截至 2017 年,西部地区各省份政府与市场关系变异系数增长到 0.4,而市场化总体水平变异系数则为 0.34,这说明西部各省份在政府与市场关系方面市场化建设进程的均衡程度劣于市场化总体水平。

在非国有经济发展方面，自 2008～2017 年，同市场化水平的发展路径较为相似，总体呈平缓上升趋势，同样是在 2010 年后增长势头开始加快，但与其不同的是，没有出现下滑波动，总体曲线较为平滑。西部地区非国有经济发展的平均水平在 2008 年时为 3.79，低于当前的市场化水平的 0.78，但经过 10 年的较高速度的增长，到 2017 年时为 7.23，已经高出市场化总体水平的 1.61，这说明西部地区非国有经济建设的推进速度要领先于市场化建设各方面的平均水平。2008 年非国有经济发展的变异系数为 0.48，高市场化总体水平的变异系数，而 2017 年为 0.20，低于 2017 年的市场化总体水平的变异系数，说明经过十年的建设，西部地区非国有经济发展的均衡程度已经达到了较好的水平，且小于市场化建设各方面的差异水平。在非国有化改革的过程中，增加非国有经济主体能够在一定程度上加重竞争程度，为了获取更有利的竞争地位，非国有经济主体会促使提升生产效率水平，进而导致政府对国有企业的管制放松与预算约束的硬化，促使国有企业追求利润最大化的经营目标，最终推动全社会的全要素生产率水平的提高。

在产品市场发育程度方面，2008～2017 年，基本保持在 7.1～7.4，在 2017 年高达 7.33，高出市场化总体水平 1.72，且每一年均高于市场化建设其他方面的平均水平，这说明西部地区产品市场发育要领先于其他各个方面。产品市场发育程度的变异系数从 2008 年的 0.18 上升至 2017 年的 0.31，略低于市场化总体水平，说明西部地区各地区产品市场的发育程度的差距在增大，但较优于市场化总体水平的均衡程度，建设成果较为突出。

在要素市场发育程度方面，2008～2009 年呈上升趋势，随后在 2009～2011 年出现下滑波动，自 2011～2017 年后较为平稳，整体态势于市场化总体水平较为相似，均有下滑波动。要素市场发育程度的平均水平在 2015 年之前均低于市场化总体水平，从 2016 年开始赶超，直到 2017 年，高出市场化总体水平 0.34，这说明前期西部地区的要素市场发展要滞后于市场化的总体水平。要素市场发育程度的变异系数，在 2008～2017 年的十年中呈上升趋势，在各个年度均高于市场化总体水平的变异系数，说明西部地区要素市场发育进程差距在扩大，且均衡程度低于市场化的平均水平。

在市场中介组织发育和法律制度环境方面，2008～2017年，同上述的要素市场发育程度的路径极为相似，同样在2008～2009年短暂上升，在2009～2011年下滑回落，2011～2017年回归平稳的上升轨道。市场中介组织发育和法律制度环境的平均水平在各年度均低于市场化总体水平，且与其他各个方面都有一定的差距，这说明西部地区的市场中介组织发育和法律制度环境的发展要滞后于市场化各方面建设的平均水平。

在变异系数方面，出现明显的波动，2003～2011年市场中介组织发育和法律制度环境的变异系数由0.3攀升至0.81，高出市场化总体水平0.54，且远高于其他各个指标。2011～2014年开始回落，但在2014年后又呈现出上升趋势，在2017年达到0.63，高于同年其他指标。这说明西部地区各省份的市场中介组织发育和法律制度环境发展差距存在波动，且其发展的均衡程度要低于市场化其他各个方面的平均水平。

二、西部地区市场化程度的空间格局分析

本书把西部地区分为西北、西南两个区域，其中，西北地区包括新疆、陕西、宁夏、青海、甘肃、内蒙古6个省级行政单位，西南地区包括重庆、四川、贵州、云南、广西5个省级行政单位。通过对西部地区市场化总体水平及分指标水平进行分析，发展西部地区市场化程度的空间格局呈现出南北分异的现状，具体情况如图7-2至图7-7所示。

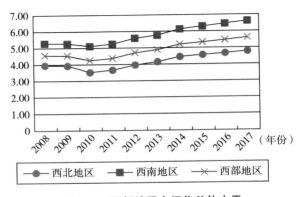

图7-2　西部地区市场化总体水平

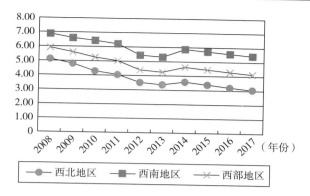

图 7-3 西部地区政府与市场关系

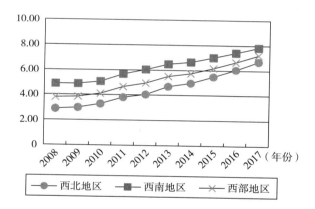

图 7-4 西部地区非国有经济发展

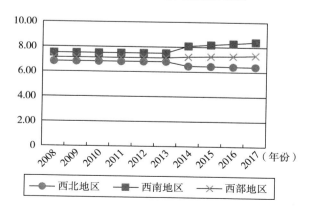

图 7-5 西部地区产品市场发育程度

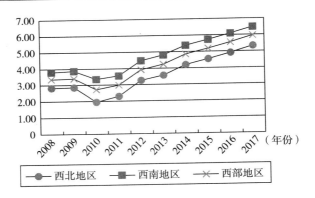

图 7-6 西部地区要素市场发育程度

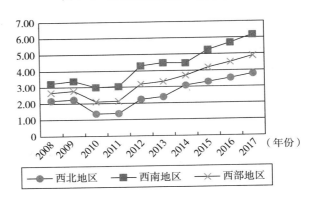

图 7-7 西部地区市场中介组织发育和法律制度环境

2003~2017 年我国西部地区的西南、西北两个区域市场化总体水平如图 7-2 所示，其他五个一级指标的得分情况如图 7-3 至图 7-7 所示。从图 7-2 至图 7-7 可以发现：

（1）西南地区的市场化总体水平及各个分指标水平均高于西北地区，且高于西部地区平均水平，而西北地区均低于平均水平。除了产品市场发育程度以外，西北、西南其余指标得分的总体发展趋势均一致，且与西部地区的平均水平趋势相同。

（2）根据各地区市场化发展过程中水平差距特征，可以将西北、西南两个区域的市场化总体水平、非国有经济发展、要素市场发展程度与市场中介组织发育和法律制度环境在 2013~2017 年的发展分为两个阶段：①2008~2011 年；②2012~2017 年。其中，第一阶段（2008~2011 年），2008 年全球性金融危机对西部地区的市场化水平有着较为显著的影响，可以发现西北、西南地区的市场化总体水平、要素市场发展程度、市场中介组织发育和法律制度环境均出现下滑的情况，非国有经济发展的增速放缓，且西北地区下滑的速度要高于西南地区，说明两区域发展水平的差距逐渐扩大。第二阶段（2012~2017 年），两个区域市场化的总体水平及上述三个指标均呈上升趋势，其中在非国有经济发展、要素市场发育方面西北地区的增速要高于西南地区，说明西北、西南区域间的市场化发展差距在缩小，呈现出市场发展水平的收敛现象。而在市场化总体水平、市场中介组织发育和法律制度环境方面，西南地区的增速要高于西北地区，两个区域的差距也在逐渐扩大。

（3）在政府与市场关系方面，西北、西南两个区域均呈现出缓慢的下降趋势，2008~2013 年下降的速度较高，2013~2014 年出现短暂的上升，随后下降，但减速放缓。总体来说，两个区域的速率较为一致，尽管西南地区的政府与市场关系水平始终高于西北地区，但差距没有进一步增大。在产品市场发育程度方面，2008~2013 年，两区域基本保持不变，2013 年之后，西南地区开始逐步攀升，而西北地区却逐步下降，差距逐步扩大。

（4）西北与西南地区的市场化发展差距扩大，主要源自产品市场发育程度与中介组织发育和法律制度环境。西北地区市场化水平提升的增速要远低于西南地区。所以在推进市场化建设时，西北地区应该重点关注产品市场发育程度、地方政府与市场关系及市场法治环境方面的建设。

综上所述，目前我国西部地区的市场化进程还存在区域异质性。其中，西南地区、西部地区总体水平、西北地区的市场化发展水平逐级递减，且不同层面的建设也存在着明显的差距。这些差异的存在主要是由于地区间的体制转轨、开放水平以及经济发展水平不同，也为解释地区间出现经济发展不均衡情况的中间机制提供了证据。因此，尽管目前西部地区的市场化建设取得了一定的成就，但还有诸多发展不均衡不充分的问题尚未解决，如何能更加均衡地推进市场化建设、破解经济非均衡发展的困境，不仅是市场化改革的应有之义，也是供给侧结构性结构改革背景下西部地区经济实现全面均衡发展的可行之策。

第三节　西部地区经济组织化对经济增长的实证检验

一、变量的选取与数据来源

（一）被解释变量

本书选取西部地区 82 个地级市 2003～2017 年的国民生产总值作为经济增长的代理变量，并以 2003 年为基期，使用各省的 GDP 指数对各市的 GDP 进行平减，获得实际 GDP。

（二）核心解释变量

本书使用市场化指数来衡量经济组织化程度，该市场化指数的数据是从樊纲等编著的《中国市场化指数》（2011）以及王小鲁等编著的《中国分省份市场化指数报告》（2016）中获取的，由于这些报告的数据只提供到 1997～2014 年的数据，本书直接提取 2003～2014 年数据，同时采用白俊红和刘宇英（2018）的处理方式，采用 2008～2014 年各地区指标的年平均增长幅度作为 2014～2015 年、2015～2016 年以及 2016～2017 年的年增长幅度，来获取 2015～2017 年的市场化指数。由于这些数据只到省级层面，各地级市的市场化程度均采用所在省份的市场化指数。

（三）控制变量

本书选取其他影响经济发展的控制变量有五个：

（1）劳均资本。劳均资本一般被用来表示地区资本的密集程度，与资本存量相比，更能展现劳均装备水平等更为丰富的含义。本书使用固定资本存量与从业人数的比值作为劳均资本的衡量指标。目前来说，我国并没有公布固定资产存量这一数据，因此需要根据固定资产的投资额来进行计算。本书借鉴柯善咨、向娟

（2012）使用的永续盘存法（$K_t = K_{t-1}(1-\delta) + I_t'$）来计算资本存量，引入固定资产平均建设周期的概念，将固定资产平均建设周期设置为 3 年，那么 t 年新增的固定资产额 $I_t' = (I_t + I_{t-1} + I_{t-2})/3$，以此构建 2002～2017 年的投资序列。此外，使用三大类投资品（建筑安装工程、设备工具器具购置和其他费用）价格指数的加权平均构造固定资产价格指数。对于折旧率的获取，也区别于以往很多学者单纯设定一个固定值，本书根据计算固定资产价格指数时所用到的建筑安装工程和机器设备的历年比重对两种折旧率进行加权，得到分地区历年折旧率，其他费用按照前两部分投资的比例分摊到两类投资中。

（2）人力资本。在卢卡斯的新经济增长模型中，人力资本的积累能够推动整个社会的技术进步，对经济增长有显著的推动作用。且他认为国际增长的真正源泉是专业化的人力资本。基于此，本书选取各地级市的人均教育支出来衡量人均人力资本。

（3）对外开放水平。在全球化逐渐深入的背景下，对外开放可以通过自由贸易来扩大市场规模，提升自身的专业化分工水平，促进生产要素的优化配置，进而推动国内产业结构的优化升级，最终实现经济的可持续发展。本书使用地级市的进出口贸易总额来衡量对外开放水平。此外，我国公布的进出口贸易额通常是以外币标价的，因此本书使用年均汇率对其进行了调整。

（4）技术进步。技术进步是经济增长中最为重要的因素，更是推动其持续发展的源泉。技术进步能够促进产业与经济结构的优化调整，提高劳动生产率，且对分工深化也有着根本性的作用，对我国经济的长期发展起到了至关重要的作用。本书使用各地的专利授权数来表示各地区的技术进步水平。

（5）基础设施。提升基础设施水平能为经济发展提供更为优良的外部环境，可降低交易成本，促进资源的优化配置，促进市场竞争，进而激发全要素生产率，加快经济增长速度。本书使用人均铺装道路面积来代表一个城市的基础设施状况。

二、模型构建

根据上述讨论，本节设定如下函数：

$$Y = f(ML, cl, hc, open, tech, fra) \tag{7-1}$$

其中，Y 表示经济增长水平；ML 表示西部地区的经济组织化程度，也就是市场化程度，包括一级指标市场化总体指数以及 5 个二级指标；cl 表示劳均资本；hc 表示人力资本；open 表示对外开放水平；tech 表示技术进步水平；fra 表示基础设施建设。由于本章主要研究经济组织化对经济增长的影响，所以将衡量经济组织化程度的市场化指数作为核心解释变量，基于式(7-1)构建实证模型如式(7-2)所示，其中，i 表示地区，t 表示年份。

$$\ln Y_{it} = \alpha_0 + \alpha_1 ML_{it} + \alpha_2 \ln cl_{it} + \alpha_3 \ln hc_{it} + \alpha_3 \ln open_{it} + \alpha_4 \ln tech_{it} + \alpha_5 \ln fra_{it} + \varepsilon_i \tag{7-2}$$

由于王小鲁等测算的市场化指数的初始年份为 2008 年，且与樊纲等(2011)测算的市场化指数相比，其中一些基础构建的指标也不相同。因此，本书借鉴白俊红、刘宇英(2018)对其的处理方式，在计量模型中设定虚拟变量(D)来对造成的影响予以控制，具体处理方式如下：

首先，虚拟变量 D 的设定如式(7-3)所示：

$$D = \begin{cases} 1, & 2003 \leqslant t \leqslant 2007 \\ 0, & 2008 \leqslant t \leqslant 2017 \end{cases} \tag{7-3}$$

其次，在式(7-2)的等式右边加入 $\varphi(ML \times D)_{it}$，其中，$\varphi$ 表示参数估计值。经过这种处理方式可以使得市场化程度(ML)在上述两个时间段内的斜率不同，进而能够对变化带来的影响予以控制。

为保证数据的平滑性，本书对经济增长、劳均资本、人力资本、对外开放、技术进步、基础设施建设这些变量进行对数化处理，从而减少计量分析中可能出现的异方差问题。对上述变量进行描述性统计，结果如表 7-1 所示。

表 7-1　变量的描述性统计

变量	均值	标准差	最小值	最大值	变量解释
经济增长（lnY）	6.01	0.95	3.45	9.43	国民生产总值的对数值
市场化总体水平（ml）	5.37	1.14	2.35	8.89	西部地区市场化水平总体得分
政府与市场关系（ml_1）	6.04	1.66	1.43	9.52	西部地区政府与市场关系得分

续表

变量	均值	标准差	最小值	最大值	变量解释
非国有经济发展（ml_2）	5.52	2.05	0.94	9.76	西部地区非国有经济发展水平得分
产品市场发育程度（ml_3）	7.63	1.11	0.88	9.71	西部地区产品市场发育程度得分
要素市场发育程度（ml_4）	4.15	1.73	0.37	11.78	西部地区要素市场发育程度得分
中介组织发育和法律制度环境（ml_5）	3.66	1.63	-0.41	10.88	西部地区中介组织发育和法律制度环境水平得分
劳均资本（lncl）	3.72	0.85	-0.45	5.90	固定资本存量/单位从业人员的对数值
人力资本（lnhc）	6.40	0.93	3.93	8.98	人均教育支出的对数值
对外开放（lnopen）	2.82	2.08	-6.44	8.67	进出口贸易总额的对数值
技术进步（lntech）	5.12	1.73	0.69	10.67	专利授权数的对数值
基础设施建设（lnfra）	1.94	0.72	-1.17	4.69	人均铺装道路面积的对数值

三、实证分析

（一）单位根检验与协整检验

首先要对变量的面板数据进行单位根检验，面板数据的单位根检验方法有很多种，一般我们只选两种，即相同根单位根检验和不同根单位根检验。鉴于我们的面板数据是平衡的，则选用 LLC 检验（适用于同根）和 IPS 检验（适用于不同根）。单位根检验结果如表 7-2 所示，可以发现，上述变量的面板数据原始序列未能全部通过单位根检验，而在对变量取一阶差分后，在 1% 置信水平下均通过了单位根检验，说明本面板数据为平稳序列。

表 7-2　单位根检验结果

原始数据	LLC（P 值）	LCP（P 值）	检验结果	一阶差分	LLC（P 值）	LCP（P 值）	检验结果
lny	0.968	0.875	不通过	Δlny	0.000	0.000	通过
ml	0.997	1.000	不通过	Δml	0.000	0.000	通过
ml_1	0.000	0.000	通过	Δml_1	0.000	0.000	通过
ml_2	1.000	1.000	不通过	Δml_2	0.000	0.000	通过

续表

原始数据	LLC（P值）	LCP（P值）	检验结果	一阶差分	LLC（P值）	LCP（P值）	检验结果
ml_3	0.000	0.618	不通过	Δml_3	0.000	0.000	通过
ml_4	1.000	0.860	不通过	Δml_4	0.000	0.000	通过
ml_5	1.000	1.000	不通过	Δml_5	0.000	0.000	通过
lncl	0.000	0.999	不通过	Δlncl	0.000	0.000	通过
lnhc	0.000	0.000	通过	Δlnhc	0.000	0.000	通过
lnopen	0.000	0.104	通过	Δlnopen	0.000	0.000	通过
lntech	0.001	0.248	不通过	Δlntech	0.000	0.000	通过
lnfra	0.000	0.001	通过	Δlnfra	0.000	0.000	通过

在进行单位根检验后，对面板数据进行协整检验。本章采用 KAO 方法（Kao，1999）对实证数据进行协整检验，检验结果显示，P 值等于 0.000，这表示强烈拒绝原假设，因此可以说明此序列之间存在协整关系，并验证了其中并没有伪回归的现象。

（二）全样本估计结果

对计量模型进行 OLS、固定效应和随机效应回归，西部地区全样本的回归结果如表 7-3 所示。并对三个回归进行 LSDV 法检验与 Hausman 检验，P 值均为 0.000，说明强烈拒绝原假设，据此应该选择个体固定效应模型。

表 7-3　西部地区全样本回归结果

变量	OLS		固定效应		随机效应	
	（1）lny	（2）lny	（3）lny	（4）lny	（5）lny	（6）lny
市场化总体水平（ml）	0.065 *** (5.179)		0.039 *** (5.668)		0.040 *** (5.516)	
政府与市场关系（ml_1）		0.026 * (1.749)		-0.034 *** (-5.381)		-0.019 *** (-2.680)
非国有经济发展（ml_2）		0.051 *** (5.011)		0.079 *** (14.492)		0.074 *** (12.115)

续表

变量	OLS		固定效应		随机效应	
	（1） lny	（2） lny	（3） lny	（4） lny	（5） lny	（6） lny
产品市场发育程度（ml_3）		0.040*** （2.655）		0.042*** （6.402）		0.039*** （5.093）
要素市场发育程度（ml_4）		0.032*** （2.872）		0.008** （2.346）		0.008** （1.984）
中介组织发育和法律制度环境 （ml_5）		-0.076*** （-6.285）		-0.006 （-1.606）		-0.008** （-1.964）
劳均资本（lncl）	0.150*** （5.607）	0.116*** （3.988）	0.198*** （18.056）	0.130*** （11.957）	0.182*** （15.496）	0.116*** （9.259）
人均资本（lnhc）	-0.027 （-1.091）	-0.032 （-1.251）	0.221*** （21.494）	0.184*** （19.544）	0.204*** （18.454）	0.170*** （15.683）
对外开放（lnopen）	0.090*** （12.380）	0.076*** （10.122）	0.020*** （4.105）	0.018*** （4.241）	0.032*** （6.177）	0.033*** （6.891）
技术进步（lntech）	0.379*** （37.532）	0.407*** （37.882）	0.095*** （14.813）	0.049*** （7.348）	0.114*** （16.797）	0.084*** （11.330）
基础设施建设（lnfra）	0.021 （1.009）	0.000 （0.024）	0.058*** （6.011）	0.039*** （4.713）	0.058*** （5.604）	0.043*** （4.435）
D×ml	-0.000 （-0.002）		-0.020*** （-7.158）		-0.020*** （-6.704）	
D×ml_1		-0.013 （-0.626）		0.048*** （6.923）		0.046*** （5.803）
D×ml_2		-0.052*** （-3.242）		-0.030*** （-7.440）		-0.032*** （-6.677）
D×ml_3		-0.005 （-0.247）		-0.057*** （-9.463）		-0.056*** （-8.033）
D×ml_4		-0.027 （-0.914）		-0.043*** （-4.792）		-0.029*** （-2.835）
D×ml_5		0.134*** （3.644）		0.036*** （3.433）		0.028** （2.297）
截距项（_cons）	3.042*** （23.667）	2.881*** （15.467）	3.032*** （68.823）	3.482*** （47.940）	3.060*** （50.086）	3.371*** （37.652）
N	1230	1230	1230	1230	1230	1230
R^2	0.835	0.845	0.960	0.970		

续表

变量	OLS		固定效应		随机效应	
	（1） lny	（2） lny	（3） lny	（4） lny	（5） lny	（6） lny
adj. R^2	0.834	0.843	0.957	0.968		
F	881.986	439.956	3886.953	2450.149		
P	0.000	0.000	0.000	0.000	0.000	0.000

根据表 7-3 中固定效应模型（3）的回归估计结果，发现作为本章的核心解释变量市场化总体水平，通过了 1% 的显著性水平检验，对西部地区经济发展有显著的正向效应，当其他变量保持不变时，市场化总体水平每提升 1 个百分点，西部地区的 GDP 就会增长 3.9 个百分点，这说明西部地区的市场化进程对经济增长具有推进作用。劳均资本作为资本要素投入和生产力要素投入的复合衡量指标，对地区经济发展水平有正向影响，且通过 1% 的显著性水平检验，当其每提高 1%，地区国民生产总值将提高 19.8%。人力资本、对外开放水平、科技进步水平、基础设施建设均对被解释变量经济增长有显著的正向影响，当其每提高 1 个单位时，地区的国民生产总值会因此提高的程度分别为 22.1%、2%、9.5%、5.8%。

表 7-3 中模型（4）主要验证市场化的 5 个分指标指数对西部地区经济增长的影响，据此可以发现：西部地区五个市场化的方面指数除市场中介组织发育程度和法制环境外，其他四个分指标均对经济增长有显著作用。根据系数大小来看，非国有经济发展对经济增长的作用最大，在其他投入要素和其他市场方面指数不变的情况下，非国有经济发展的指数每增加 1 个单位，西部地区的 GDP 将提高 7.9%，说明西部地区的经济非国有化的改革对经济增长有较大的提升作用，从内在机制来看，要素市场化改革存在优化资源配置效应，对提升经济增长有积极作用。产品市场发育程度对经济增长的作用也很大，其指数每增长 1%，GDP 将增长 4.2%。要素市场发育程度的系数也通过 5% 的显著性水

平检验，但每增加 1 个单位对 GDP 的贡献仅为 0.8%，作用相对较小。而政府与市场的关系对经济增长的影响却显著为负，市场中介组织发育程度和法制环境对经济增长的影响为负但不显著，这从侧面反映了西部地区的政府可适当通过一些宏观调控手段来推动其经济发展。这意味着，加快转变政府职能、建设有效政府既是深化市场化改革的重点领域，同样也是提升西部地区经济增长的重要路径。

（三）分区域回归结果

将西部地区的样本分为西北、西南两个区域，进行市场化总指数与分指数对经济增长的固定效应回归，如表 7-4 所示。

表 7-4　分区域回归结果

变量	西北地区		西南地区	
	(7) lny	(8) lny	(9) lny	(10) lny
市场化总体水平（ml）	0.030*** (3.524)		0.075*** (6.244)	
政府与市场关系（ml_1）		−0.036*** (−3.069)		−0.039*** (−5.472)
非国有经济发展（ml_2）		0.066*** (7.667)		0.116*** (10.338)
产品市场发育程度（ml_3）		0.040*** (3.409)		0.018* (1.697)
要素市场发育程度（ml_4）		0.007 (1.601)		0.049*** (6.099)
中介组织发育和法律制度环境（ml_5）		−0.013* (−1.947)		−0.016*** (−3.077)
劳均资本（lncl）	0.250*** (15.205)	0.159*** (9.673)	0.145*** (9.855)	0.102*** (7.340)
人力资本（lnhc）	0.223*** (15.564)	0.166*** (11.443)	0.199*** (13.375)	0.134*** (10.780)
对外开放（lnopen）	0.001 (0.186)	0.004 (0.606)	0.039*** (5.948)	0.025*** (4.642)

续表

变量	西北地区		西南地区	
	（7） lny	（8） lny	（9） lny	（10） lny
技术进步（lntech）	0.080*** （9.290）	0.060*** （6.015）	0.104*** （11.072）	0.035*** （3.965）
基础设施建设（lnfra）	0.027** （2.009）	0.013 （1.068）	0.086*** （6.527）	0.048*** （4.442）
D×ml	−0.023*** （−5.019）		−0.027*** （−7.110）	
D×ml_1		−0.003 （−0.247）		0.075*** （7.452）
D×ml_2		−0.040*** （−6.628）		−0.035*** （−3.037）
D×ml_3		−0.041*** （−3.962）		−0.080*** （−8.791）
D*		0.063*** （3.657）		−0.079*** （−6.634）
D×ml_5		0.026* （1.906）		0.038** （2.120）
截距项（_cons）	2.894*** （43.078）	3.516*** （29.982）	3.133*** （52.470）	3.906*** （39.837）
N	555	555	675	675
R^2	0.958	0.969	0.965	0.979
adj. R^2	0.955	0.966	0.962	0.977
F	1670.738	1052.451	2457.668	1888.258
P	0.000	0.000	0.000	0.000

西北、西南两个区域的市场化总体水平对地区经济发展的影响均呈显著的正向影响。在分指标方面，五个市场化分指数对两区域的影响方向一致但显著性水平有所不同，其中政府与市场的关系、非国有经济的发展对西北、西南的影响均通过1%的显著性水平检验，产品市场发育程度对西北地区的正向影响效应在1%水平下高度显著，而对西南地区的影响仅在10%的水平下显著。要素市场发育程

度对西南地区经济增长的正向影响高度显著，却对西北地区无显著的影响。中介组织发育和法律制度环境对两区域的经济均有负向的影响，且对西南地区影响的显著性水平要高于西北地区。其他影响两区域经济增长的因素方面，差异较大的影响主要在对外开放程度和基础设施建设，两者对西南地区的经济增长均有显著的正向影响，且通过了1%显著性水平的检验，而对西北地区经济增长的正向影响却不显著。劳均资本、人力资本与技术进步水平对两个区域经济增长的正向影响均在1%的水平下显著。

（四）分城市规模的回归结果

根据前文对西部地区的城市划分的标准，本节进一步分城市规模检验市场化程度对经济增长的影响。回归结果见表7-5。

表 7-5　分城市规模回归结果

变量	小城市		中等城市		大城市	
	(11) lny	(12) lny	(13) lny	(14) lny	(15) lny	(16) lny
市场化总体水平（ml）	0.068 *** (3.162)		0.025 ** (2.316)		0.038 *** (4.034)	
政府与市场关系（ml_1）		-0.026 ** (-2.056)		-0.012 (-0.960)		-0.043 *** (-5.521)
非国有经济发展（ml_2）		0.115 *** (10.901)		0.066 *** (6.384)		0.067 *** (9.103)
产品市场发育程度（ml_3）		0.115 *** (7.856)		0.012 (1.043)		0.058 *** (6.328)
要素市场发育程度（ml_4）		0.029 *** (3.830)		0.013 * (1.804)		0.012 ** (2.431)
中介组织发育和法律制度环境（ml_5）		-0.033 *** (-3.864)		-0.031 *** (-4.066)		0.002 (0.496)
劳均资本（lncl）	0.156 *** (6.882)	0.057 *** (2.979)	0.286 *** (13.638)	0.221 *** (9.984)	0.180 *** (11.491)	0.119 *** (7.819)
人力资本（lnhc）	0.248 *** (12.338)	0.128 *** (7.167)	0.136 *** (7.484)	0.124 *** (7.166)	0.240 *** (14.502)	0.212 *** (15.133)

续表

变量	小城市		中等城市		大城市	
	（11） lny	（12） lny	（13） lny	（14） lny	（15） lny	（16） lny
对外开放（lnopen）	−0.015 （−1.529）	−0.010 （−1.286）	0.027*** （3.070）	0.012 （1.495）	0.040*** （5.294）	0.031*** （4.903）
技术进步（lntech）	0.097*** （8.213）	0.043*** （3.725）	0.095*** （8.946）	0.081*** （6.586）	0.092*** （8.345）	0.038*** （3.620）
基础设施建设（lnfra）	0.039* （1.893）	0.027* （1.708）	0.061*** （3.416）	0.039** （2.340）	0.077*** （5.943）	0.056*** （5.246）
D×ml	−0.037*** （−4.488）		−0.017*** （−3.302）		−0.015*** （−4.287）	
D×ml_1		0.057*** （3.648）		−0.022* （−1.661）		0.086*** （9.620）
D×ml_2		−0.006 （−0.674）		−0.047*** （−6.074）		−0.022*** （−3.914）
D×ml_3		−0.092*** （−7.407）		−0.001 （−0.124）		−0.076*** （−9.437）
D×ml_4		−0.073*** （−3.642）		−0.018 （−0.820）		−0.049*** （−4.641）
D×ml_5		0.036 （1.554）		0.079*** （3.907）		0.002 （0.119）
截距项（_cons）	2.468*** （24.201）	2.982*** （22.666）	3.116*** （39.621）	3.438*** （23.369）	3.236*** （53.659）	3.629*** （37.319）
N	285	285	330	330	615	615
R^2	0.949	0.972	0.965	0.973	0.967	0.979
adj. R^2	0.944	0.968	0.962	0.969	0.965	0.977
F	682.707	578.476	1190.045	692.190	2399.171	1712.579
P	0.000	0.000	0.000	0.000	0.000	0.000

根据表7-5可以发现，市场化总体水平对不同规模城市的经济增长均有显著的正向促进作用，对中等城市正向影响的显著性要小于小城市和大城市。在市场化分指标指数方面，政府与市场关系对小城市和大城市的经济增长均有显著负向影响，而对中等城市的负向影响却不显著；非国有经济的发展对不同规模城市的

经济增长均有显著的正向影响，且均通过了 1% 的显著性水平检验；产品市场发育程度对小城市和大城市经济增长的正向效应均高度显著，而对中等城市的影响并不显著；要素市场发育程度对不同规模的城市均有显著的正向效应，其中，小城市的显著性水平最高，中等城市的最低；中介组织发育和法律制度环境对小城市和中等城市的经济增长均与显著的负向效应，而对大城市的经济增长有正向效应，但不显著。在控制变量方面，首先，差异最大的是对外开放水平，对小城市的经济增长有负向影响但不够显著，但对中等城市和大城市均有高度显著的正向影响；其次，基础设施方面，对小城市经济增长影响的显著性水平要低于中等城市和大城市；最后，其他各个变量，如劳均资本、人力资本、技术进步对不同规模的城市均有显著的正向影响，且均通过了 1% 的显著性水平检验。

四、西部地区经济组织化对经济增长的门槛效应检验

上述的实证结果显示，西部地区经济组织化对经济增长的影响存在区域异质性，鉴于此，本书提出猜想，西部地区经济组织化水平对经济增长的可能还会存在区间性的特点，所以本书选用门槛模型来验证这个假设。

本书借鉴 Hansen（1999）提出面板门槛模型，这个模型能够内生门槛区间与个数，以此来测试样本空间中的运行机制与特征，进而保证所有参数估计值能够可信并有效。由于本章为静态面板模型，其固定效应的面板门槛模型如式（7-4）所示。

$$\begin{cases} y_{it} = \mu_i + \beta_1 x_{it} + \varepsilon_{it}, q_{it} \leqslant \gamma \\ y_{it} = \mu_i + \beta_2 x_{it} + \varepsilon_{it}, q_{it} > \gamma \end{cases} \tag{7-4}$$

其中，t = 1，2，…，T，表示年份；i = 1，2，…，n，表示地区。y_{it} 为被解释变量，x_{it} 为主要研究对象的外生因素，分别表示经济增长水平和市场化水平。β_1 和 β_1 表示门槛变量 q_{it} 小于等于以及大于可能的门槛值 γ 时的参数估计值，ε_{it} 为随机干扰项。此外，上述模型中未列出劳均资本、技术进步等控制变量，但其在具体运算中是包括在内的。本书将市场化水平同时作为核心解释变量和门槛变量，通过使用指示函数 I（·）可以更加清楚地表现出门槛效应，如式（7-5）

所示。

$$y_{it} = \mu_i + \beta_1 x_{it} \times I(q_{it} \leq \gamma) + \beta_2 x_{it} \times I(q_{it} > \gamma) + \varepsilon_{it} \tag{7-5}$$

其中，指数函数 $I(\cdot)$ 表示，当符合预设的 q_{it} 与 γ 之间的关系时，$I(\cdot) = 1$，反之则 $I(\cdot) = 0$。当存在双门槛模型时，方程形式变为：

$$y_{it} = \mu_i + \beta_1 x_{it} \times I(q_{it} \leq \gamma_1) + \beta_2 x_{it} \times I(\gamma_1 < q_{it} \leq \gamma_2) + \beta_3 x_{it} \times I(q_{it} > \gamma_2) + \varepsilon_{it} \tag{7-6}$$

其中，γ_1、γ_2 为两个门槛值，$\gamma_1 < \gamma_2$。

根据上述模型以及面板数据，使用 Bootstrap 法来检验门槛的个数，门槛自抽样检验的结果如表 7-6 所示。

表 7-6　西部地区市场化水平对经济增长门槛效应自抽样检验结果

模型	F 值	P 值	BS 次数	临界值		
				1%	5%	10%
单一门槛	44.82***	0.0000	300	22.5026	15.7141	13.9527
双重门槛	30.57***	0.0033	300	21.9790	15.7031	13.7491
三重门槛	6.64	0.8167	300	27.2931	22.8855	20.2436

注：表中的 P 值与临界值是通过 300 次自举抽样得出的结果，*、**、*** 分别表示通过了 10%、5%、1% 的显著性水平检验。

在检验门槛个数的过程中，进行了 300 次自抽样，根据表 7-6 的结果可知拒绝了门槛值不存在的原假设，LM 统计量的 F 值在 1% 的置信水平下显著，这个结果说明存在单一门槛。再以单一门槛值存在为前提，来进行双重门槛是否存在的检验，结果显示 LM 统计量拒绝了只含有一个门槛值的原假设，且在 1% 的水平下显著，说明存在双重门槛值。继而以模型存在双重门槛值为前提，来对是否存在三重门槛进行检验，结果发现，LM 统计量没有通过显著性检验，说明不存在三重门槛。因此西部地区经济组织化水平对经济增长自抽样显著性检验的过程，确定该面板门槛模型存在双重门槛。这也就是说，西部地区在 2003～2017 年经济组织化对经济增长的影响存在两次不同程度的变量。然后本书在模型存在双重门槛的前提下，对门槛估计值与真实值是否一致进行检验，并使用似然比统计量取得相应的置信区间，检验结果如表 7-7 所示。

表 7-7 门槛估计值及其置信区间

模型		门槛估计值	95%置信区间
单一门槛	门槛	4.3900	[4.3700, 4.4600]
双重门槛	门槛 1	4.3900	[4.3700, 4.4650]
	门槛 2	6.9756	[6.3168, 7.0400]
三重门槛	门槛	5.1100	[5.1000, 5.5200]

根据表 7-7 的结果可以发现，门槛 1 和门槛 2 的 95%置信区间都比较小，且真实值包含于置信区间的概率为 95%，因此可以说明模型的双重门槛的估计值与真实值基本是一致的。而三重门槛的 95%水平下的置信区间较大，不能通过一致性检验。所以，我们判定西部地区经济组织化水平对经济增长的影响效应存在双重门槛，门槛值分别为 4.3900、6.9756。

图 7-8 呈现出两个门槛值的分布值，门槛估计值即为 LR 函数的最小值，根据图 7-8 可以发现，模型的两个门槛值均处于 LR 函数线的最低点。深色虚线即

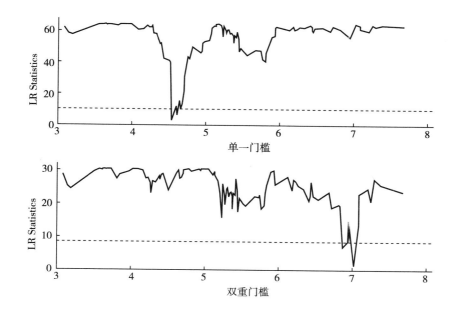

图 7-8 门槛估计值在 95%置信区间下的 LR 分布图

为95%的水平置信值，虚线与LR函数线相交的区域即为门槛估计值的95%置信区间。根据面板门槛模型内生形成的门槛值与区间，也说明了西部地区经济组织化水平对经济增长在不同的区间内存在不同的影响机制。上文中已经确定经济组织化水平影响经济发展的双重门槛值4.3900和6.9756，形成三个作用区间，分别为：ml≤4.3900、4.3900<ml≤6.9756、ml>6.9756，其中，ml表示西部地区的经济组织化总体水平，根据这个区间，将样本分为三个档次，经济组织低化水平、经济组织化中等水平与经济组织化高水平，应用固定效应模型进行回归分析，结果如表7-8所示。

表7-8　双重门槛面板模型估计结果

变量	低水平	中等水平	高水平
	（17） lny	（18） lny	（19） lny
市场化总体水平（ml）	0.016 （0.671）	−0.021*** （−2.896）	0.070*** （4.328）
劳均资本（lncl）	0.028 （1.610）	0.043*** （4.189）	0.043*** （3.563）
人力资本（lnhc）	0.030* （1.847）	0.065*** （6.573）	0.007 （0.379）
对外开放（lnopen）	−0.002 （−0.239）	0.003 （0.834）	0.031*** （5.812）
技术进步（lntech）	0.024** （2.386）	−0.019*** （−2.768）	−0.021* （−1.906）
基础设施建设（lnfra）	0.003 （0.268）	0.030*** （3.898）	0.033*** （3.745）
N	283	859	101
R^2	0.983	0.985	0.999
adj. R^2	0.977	0.984	0.998
F	643.099	2567.255	4052.308
P	0.000	0.000	0.000

根据表 7-8 可以发现，在低水平的城市，经济组织化程度对经济增长有正向作用，但不显著；在中等水平的城市，经济组织化程度对经济增长有负向作用，且通过了 1% 的显著性水平检验；在经济组织化高水平的城市，经济组织化程度对经济增长有正向作用，且通过了 5% 的显著性水平检验，总体来说，西部地区经济组织化水平与经济增长之间的关系呈"N"型特征。在西部地区的市场化建设与经济发展过程中，经济组织化对经济增长的作用程度经历了两次转折，根据表 7-7"门槛估计值及其置信区间"的回归结果可知：在双重门槛模型下，门槛 1 为 4.3900，门槛 2 为 6.9756，在以此形成的相应的三个影响区间内，经济组织化水平对经济增长影响程度根据所在区间的不同而不同，随经济组织化水平区间递进呈现出先增后减再增的态势。

第四节　本章小结

本章首先对经济组织化影响经济增长的内在机理进行了阐释，采用了 2003 ~ 2017 年西部地区 82 个地级市的面板数据，使用市场化指数对西部地区的经济组织化水平进行测度，对经济组织化水平与经济增长的关系进行了实证分析。其中总体回归结果表示，经济组织化水平对经济增长有显著的促进作用。同时，对两者之间的关系进行区域异质性分析，回归结果发现，不管是西南地区还是西北地区，抑或是不同规模的城市，经济组织化总体水平对经济增长的促进作用都很显著，而分指标随着区域的不同呈现出不同的影响程度。此外，使用门槛面板模型来检验西部地区经济组织化水平对经济增长的影响是否存在经济组织化指数的区间性特点，通过自抽样法发现存在双重门槛，且随着经济组织化水平区间的递进呈现出先增后减再增的态势。

总而言之，一方面，西部地区的经济组织化水平显著地推动了西部地区的经济发展，不管是落后地区还是发达地区都应该意识到经济组织化对经济增长存在着重要的推动作用；另一方面，目前较为落后地区的经济组织化对于经济发展的影响正在逐步增加，且超过了其对相对发达地区的影响，这个结果说明西部不发达地区可以通过持续推进市场化的建设来提升经济组织化水平，激发其发挥优势，进而逐步缩小区域之间的发展差距。此外，由于不同地区间的经济组织化建设的不同方面对于经济增长的影响也不相同，因此在推进西部地区市场化建设时可以酌情因地施策、因业施策。持续推进市场化建设，提升经济组织化水平，对于经济发展模式的转变与经济发展质量的提升起到了重要的作用，同时也是持续深入推进供给侧结构性改革，实现我国经济新旧动能转换的关键制度保障。

第八章　研究结论与政策建议

第一节　研究结论

中国的 GDP 从增速的高点 2010 年第一季度的 12.2%开始波动下行，持续时间之久，经济运行呈现出不同以往的形态和特征，其中最为突出的是经济的结构性分化趋势越来越明显。简言之，中国经济的结构性分化趋势越来越明显。为应对这种变化，在正视传统的一般意义上的需求管理还有适度提升范围的同时，迫切需要推进供给侧结构性改革，通过供给侧结构性改革，大力触发微观经济主体的活力，矫正供需结构错配和要素配置扭曲，减少低端产业产品供给，扩大中高端产业产品供给，促进要素流动和优化配置，实现更高水平的供需平衡。

本书基于全国供给侧结构性改革的大背景，以西部地区为切入点，结合西部地区供给侧结构改革的现状及其产业结构的演变，参照新古典及新兴古典关于分工经济学的研究，基于供给侧结构性改革的四个基本问题"生产多少、生产什么、怎样生产、为谁生产"，首先从劳动专业化、专业多样化、生产迂回化和经济组织化四个方面阐明了分工与供给侧结构性改革的内在关系。其次，构建了基于分工潜力理论的供给侧结构性改革分析框架，并指出有效需求的实现、生产力水平的提高都必须依赖于分工潜力的扩大，即投资是否有利于劳动分工的专业化、多样化、组织化和迂回化，使劳动力、资本、技术和制度都能够有效增加有效供给。另外，政府可以从生产秩序和交易秩序的供给方面去影响劳动专业化、专业多样化、生产迂回化和经济组织化。由于已有研究还没有揭示供给侧结构性改革演进及其经济效应的正式数理模型，继而本书进一步构建供给侧结构性改革演进的理论模型，同时通过进行超边际分析和一般均衡比较静态分析来探讨供给侧结构性改革的演化机制及其对经济增长的作用。最后，本书使用西部地区地级市多年的面板数据来进行实证检验。为此本书富含理论和现实意义。

　　研究发现八个问题：①在最低生存条件和损耗系数约束下，自给自足的最优产出水平不会超越温饱水平，因此要超越温饱，迈向共同富裕，深化分工是必由之路和必要条件。②生产力水平的提高必须依赖于扩大分工潜力的投资，即投资是否有利于劳动分工的专业化、多样化、组织化和迂回化，使劳动力、资本、技术和制度都能够有效增加有效供给。并且在上述任何一个环节、方面的改善都将促进经济增长，政府则可以通过提供良好的生产秩序服务与交易秩序服务来进行供给侧结构性改革。③当粮食、衣服和秩序服务生产的专业化经济程度以及市场交易效率足够高时，只包含生产秩序服务的自给自足结构将会演进到同时包含生产秩序服务和交易秩序服务的完全分工结构，该经济体的专业化水平和多样化水平将同时提高，进而消费者—生产者的效用得以提升，最终将实现基于劳动专业化和专业多样化的帕累托改进。④当资本品生产的专业化经济程度和市场交易效率足够高，经济体会演进到同时包含生产秩序服务和交易秩序服务且内生迂回生产的完全分工结构，专业化提供资本品的部门会从分工中衍生出现，并且该经济体的生产迂回化水平和经济组织化水平将同时提高，进而消费者—生产者的效用得以提升，最终将实现基于迂回化和组织化的帕累托改进。⑤西部地区专业化与经济增长呈现倒 U 型关系，即在到达临界值之前专业化水平的提高将有利于促进经济增长，当专业化水平超过临界值之后，对经济增长的促进作用将有所降低；此外，分城市规模来看，西部地区中等城市和大城市的专业化与经济增长存在着倒 U 型关系，小城市的专业化水平对经济增长有着显著的促进作用。⑥多样化与经济增长呈 U 型关系，即西部城市发展多样化一开始对经济增长会产生负向影响，只有达到一定程度时才会对经济增长产生正向影响。此外，分区域来看，西北地区多样化与经济增长呈 U 型关系，西南地区多样化与经济增长不存在非线性关系；分城市规模来看，西部地区大城市的多样化与经济增长存在着 U 型关系，中小城市的多样化水平对经济增长不存在显著的非线性关系。⑦西部地区固定资产投资对经济增长有显著的促进作用；此外，分区域来看，不管是西南地区还是西北地区，抑或是不同规模的城市，固定资产投资对经济增长的促进作用都很显著，但促进作用随着地区经济发达程度的提高而减小。⑧西部地区市场化水平的提高对经济增长有显著的促进作用。此外，分区域来看，不管是西南地区还是西北地区，抑或是不同规模的城市，市场化总体水平对经济增长的促进作用都很显著。

第二节　政策建议

基于上述研究结论，可以将本书的研究价值归纳以下三个方面：一是本书系统地从多个维度梳理并扩展了已有的关于供给侧结构性改革的相关研究，有利于较为完整地呈现供给侧结构性改革的研究脉络；二是本书从劳动专业化、专业多样化、生产迂回化和经济组织化四个方面阐明了分工与供给侧结构性改革的内在关系，并构建了基于分工潜力理论的供给侧结构性改革分析框架，扩展了供给侧结构性改革的研究视角；三是本书从模型构建、命题提出和计量检验的维度深入剖析了供给侧结构性改革的演化机制及其对经济增长的作用，丰富了供给侧结构性改革的研究内容。

此外，本书的研究结论富含政策含义，为中国相关政府部门制定供给侧结构性改革相关政策提供了理论和实证依据，据此建立分工理论与供给侧结构性改革政策建议框架见图 8-1。

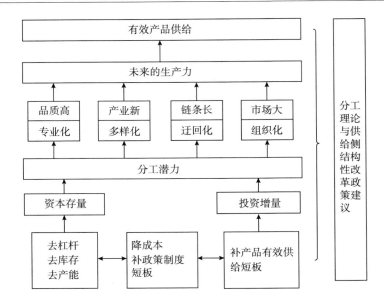

图 8-1　分工理论与供给侧结构性改革政策建议

具体未来西部地区应采取以下三项措施：

（1）西部地区供给侧结构性改革要以提高分工潜力为出发点。如图 8-1 所示，西部地区供给侧结构性改革可以从劳动专业化、专业多样化、生产迂回化和经济组织化四方面来扩大分工潜力。只有扩大分工潜力的投资才能够提高生产水平，使劳动力、资本、技术和制度都能够有效增加供给。并且在上述任何一个环节、方面的改善都将促进经济增长。劳动专业化可以通过规模效应和熟能生巧效应，来推动劳动生产率的提升；通过交换实现的专业多样化，有利于扩大参与交易的总人口和市场需求总量，进而通过市场规模化降低单位产品的生产成本和研发成本；生产迂回化使得经济人能够在付出同等劳动的条件下获得更多的成果，或者同等的成果能够以更少的劳动来获得；经济组织化则可以促成社会中的经济人的有效分工，包括横向分工扩展和纵向分工深化，使这些经济人形成一个彼此独立，但又紧密联系的各种各样的组织，进而产生协同经济。

（2）西部地区供给侧结构性改革要以降低交易成本为核心。政府可以通过提供良好的生产秩序服务和交易秩序服务来持续降低交易成本。尽管我国在经济发展上走在世界前列，但是交易成本还有很大的下降空间，这需要一方面加强互联互通的基础设施建设，降低外生交易成本；另一方面通过深化改革，降低制度性内生交易成本。

（3）西部地区供给侧结构性改革要注重因城施策。城市供给侧结构性改革政策的选择（即劳动专业化、专业多样化、生产迂回化和经济组织化）应与城市真实经济需要相一致，要分类调控，因地施策；首先，由于西部地区不同城市，其规模和经济发展程度不同，所以要根据城市规模和经济发展程度的高低，对我国西部地区各个地级市进行分类管控：对于城市规模较大、经济发展程度较高的地级市，要积极鼓励发展多样化；而对于城市规模较小、经济发展程度较低的地级市，则应鼓励发展专业化，推动专业型产业和市场经济的发展。对于西部地区小规模城市而言，可通过提高专业化水平的途径来促进其经济发展；而对于大中规模城市而言，则应该通过提高多样化水平的途径来促进经济发展，此时专业化水平过高反而会产生拥挤效应、抑制经济水平的提升。此外，虽然西部地区生产迂回化水平和市场化水平的提高对经济增长均有显著的促进作用，但是生产迂回化对经济增长的促进作用会随着地区经济发达程度的提升而减小，因此，对于西部欠发达地区而言，更要加大力度提升生产迂回化水平和市场化水平，注重产业链的纵向深化。

参考文献

［1］白俊红，刘宇英．对外直接投资能否改善中国的资源错配［J］．中国工业经济，2018（1）：60-78.

［2］蔡昉．供给侧结构性改革不是西方供给学派的翻版［J］．中国人大，2016（19）：32-34.

［3］蔡昉，都阳，高文书．就业弹性、自然失业和宏观经济政策——为什么经济增长没有带来显性就业？［J］．经济研究，2004（9）：18-25+47.

［4］蔡红艳，阎庆民．产业结构调整与金融发展——来自中国的跨行业调查研究［J］．管理世界，2004（10）：79-84.

［5］陈继勇，盛杨怿．外国直接投资与我国产业结构调整的实证研究——基于资本供给和知识溢出的视角［J］．国际贸易问题，2009（1）：94-100.

［6］李伟．推动经济高质量发展要处理好五大关系［N］．新华网，2018-01-27.

［7］陈卫，都阳，侯东民．是人口红利？还是人口问题？［J］．人口研究，2007（2）：41-48.

［8］陈宪．着力加强供给侧结构性改革［N］．文汇报，2015-11-18（005）．

［9］程虹．如何衡量高质量发展［N］．第一财经日报，2018-03-14（A11）．

［10］程鹏．农村劳动力流动、产业结构调整与经济增长——基于 1993～2012 年省际面板数据的实证研究［J］．产经评论，2014，5（6）：113-126．

［11］程强，武笛．科技创新驱动传统产业转型升级发展研究［J］．科学管理研究，2015，33（4）：58-61．

［12］褚敏，靳涛．为什么中国产业结构升级步履迟缓——基于地方政府行为与国有企业垄断双重影响的探究［J］．财贸经济，2013（3）：112-122．

［13］戴翔，刘梦，任志成．劳动力演化如何影响中国工业发展：转移还是转型［J］．中国工业经济，2016（9）：24-40．

［14］［美］丹尼尔·F.斯普尔伯．市场的微观结构：中间层组织与厂商理论［M］．张军译．北京：中国人民大学出版社，2002．

［15］邓光亚，唐天伟．中部区域金融发展与产业结构调整互动研究——基于 VAR 模型的实证分析［J］．经济经纬，2010（5）：17-21．

［16］邓若冰，吴福象．供给侧结构性改革背景下提升中国经济增长质量的战略选择［J］．天津社会科学，2016（6）：106-112．

［17］邓祥征，钟海玥，白雪梅．中国西部城镇化可持续发展路径的探讨［J］．中国人口·资源与环境，2013（10）：24-30．

［18］丁任重．关于供给侧结构性改革的政治经济学分析［J］．经济学家，2016（3）：13-15．

［19］董琨，王梦娜，门瑜．劳动力流动对产业结构升级的中介效应检验［J］．科技与管理，2019，21（2）：42-49．

［20］樊纲，王小鲁，马光荣．中国市场化进程对经济增长的贡献［J］．经济研究，2011，46（9）：4-16．

［21］樊纲，王小鲁，朱恒鹏．中国市场化指数：各地区市场化相对进程 2011 年报告［M］．北京：经济科学出版社，2011．

［22］樊士德，姜德波．劳动力流动与地区经济增长差距研究［J］．中国人口科学，2011（2）：27-38+111．

［23］封福育．环境规制与经济增长的多重均衡：理论与中国经验［J］．当

代财经，2014（11）：14-24.

[24] 冯彩，蔡则祥. 对外直接投资的母国经济增长效应——基于中国省级面板数据的考察 [J]. 经济经纬，2012（6）：46-51.

[25] 冯严超，王晓红. 环境规制对中国绿色经济绩效的影响研究 [J]. 工业技术经济，2018，37（11）：136-144.

[26] 冯志军，康鑫，陈伟. 知识产权管理、产业升级与绿色经济增长——以产业转型升级期的广东为例 [J]. 中国科技论坛，2016（1）：118-123.

[27] 傅元海，叶祥松，王展祥. 制造业结构变迁与经济增长效率提高 [J]. 经济研究，2016，51（8）：86-100.

[28] 干春晖，郑若谷. 改革开放以来产业结构演进与生产率增长研究——对中国 1978～2007 年"结构红利假说"的检验 [J]. 中国工业经济，2009（2）：55-65.

[29] 辜胜阻，李华，易善策. 城镇化是扩大内需实现经济可持续发展的引擎 [J]. 中国人口科学，2010（3）：2-10+111.

[30] 郭杰. 我国政府支出对产业结构影响的实证分析 [J]. 经济社会体制比较，2004（3）：121-126.

[31] 郭克莎. 经济增长方式转变的条件和途径 [J]. 中国社会科学，1995（6）：15-26.

[32] 郭克莎. 外商直接投资对我国产业结构的影响研究 [J]. 经济研究参考，2000（21）：2-19.

[33] 郭占恒. 推动高质量发展的深刻背景和政策取向 [J]. 浙江经济，2018（2）：32-35.

[34] 韩绍凤，向国成，汪金成. 农业多样化与小农经济效率改进：理论分析、经验证据与国际比较 [J]. 数量经济技术经济研究，2007：56-64.

[35] 韩永辉，黄亮雄，王贤彬. 产业结构升级改善生态文明了吗——本地效应与区际影响 [J]. 财贸经济，2015（12）：129-146.

[36] 郝颖，辛清泉，刘星. 地区差异、企业投资与经济增长质量 [J]. 经

济研究，2014，49（3）：101-114+189.

［37］何可.全国人大代表徐莹建议加快建立高质量发展指标体系［N］.中国质量报，2018-03-20（2）.

［38］何兴邦.环境规制与中国经济增长——基于省际面板数据的实证分析［J］.当代经济科学，2018，40（2）：1-10+124.

［39］贺俊，范小敏.资源诅咒、产业结构与经济增长——基于省际面板数据的分析［J］.中南大学学报（社会科学版），2014，20（1）：34-40.

［40］洪银兴.准确认识供给侧结构性改革的目标和任务［J］.中国工业经济，2016（6）：14-21.

［41］胡鞍钢.2018：开启经济高质量发展之年［J］.企业观察家，2018（2）：36.

［42］黄剑.论创新驱动理念下的供给侧改革［J］.中国流通经济，2016，30（5）：81-86.

［43］黄亮雄，王鹤，宋凌云.我国的产业结构调整是绿色的吗？［J］.南开经济研究，2012（3）：110-127.

［44］黄群慧.论中国工业的供给侧结构性改革［J］.中国工业经济，2016（9）：5-23.

［45］黄永明，陈宏.外商直接投资对中国产业升级影响的研究［J］.管理现代化，2018，38（4）：22-25.

［46］贾康，苏京春.论供给侧结构性改革［J］.管理世界，2016（3）：21-37.

［47］贾康，徐林，李万寿等.中国需要构建和发展以改革为核心的新供给经济学［J］.财政研究，2013（1）：2-15.

［48］贾妮莎，韩永辉.外商直接投资、对外直接投资与产业结构升级——基于非参数面板模型的分析［J］.经济问题探索，2018（2）：142-152.

［49］贾卫丽，李普亮.政府民生支出是否促进了产业结构升级？——基于产业规模和劳动生产率双重维度的实证检验［J］.地方财政研究，2017（5）：

50-59.

[50] 金碚. 关于"高质量发展"的经济学研究 [J]. 中国工业经济, 2018 (4): 5-18.

[51] 金碚. 总需求调控与供给侧改革的理论逻辑和有效实施 [J]. 经济管理, 2016, 38 (5): 1-9.

[52] 金春雨, 张龙, 王金明. 我国货币政策对产业结构优化的非线性效应 [J]. 经济问题探索, 2017 (9): 1-11.

[53] [苏] 卡马耶夫. 经济增长的速度和质量 [M]. 陈华山, 等译. 武汉: 湖北人民出版社, 1983: 25.

[54] 柯善咨, 向娟. 1996—2009 年中国城市固定资本存量估算 [J]. 统计研究, 2012, 29 (7): 19-24.

[55] 孔群喜, 王紫绮. 对外直接投资如何影响中国经济增长质量: 事实与机制 [J]. 北京工商大学学报 (社会科学版), 2019, 34 (1): 112-126.

[56] 李稻葵. "十三五" 时期需要什么样的供给侧改革 [N]. 人民政协报, 2015-12-08 (005).

[57] 李敬, 冉光和, 温涛. 金融影响经济增长的内在机制——基于劳动分工理论的分析 [J]. 金融研究, 2007 (6): 80-99.

[58] 李娟伟, 刚翠翠. 供给侧结构性改革提高经济增长质量的机制、路径与政策 [J]. 黑龙江社会科学, 2017 (1): 17-29+57-62.

[59] 李邃. 中国高技术产业创新能力对产业结构优化升级的影响研究 [D]. 南京航空航天大学博士学位论文, 2010.

[60] 李小平, 卢现祥. 中国制造业的结构变动和生产率增长 [J]. 世界经济, 2007 (5): 52-64.

[61] 李雪. 外商直接投资的产业结构效应 [J]. 经济与管理研究, 2005 (1): 15-18.

[62] 李子豪, 毛军. 地方政府税收竞争、产业结构调整与中国区域绿色发展 [J]. 财贸经济, 2018, 39 (12): 142-157.

［63］林春．财政分权与中国经济增长质量关系——基于全要素生产率视角［J］．财政研究，2017（2）：73-83+97.

［64］林毅夫．供给侧改革的短期冲击与问题研究［J］．河南社会科学，2016，24（1）：1-4+98-106.

［65］林毅夫，刘志强．中国的财政分权与经济增长［J］．北京大学学报（哲学社会科学版），2000（4）：5-17.

［66］林毅夫，苏剑．论我国经济增长方式的转换［J］．管理世界，2007（11）：5-13.

［67］林兆木．我国经济高质量发展的内涵和要义［J］．西部大开发，2018（Z1）：111-113.

［68］林兆木．着力建设创新引领协同发展的产业体系［N］．经济日报，2018-03-01（014）．

［69］凌文昌，邓伟根．产业转型与中国经济增长［J］．中国工业经济，2004（12）：20-24.

［70］刘金涛，杨君，曲晓飞．财政分权对经济增长的作用机制：理论探讨与实证分析［J］．大连理工大学学报（社会科学版），2006，27（1）：7-12.

［71］刘世锦．供给侧改革需打通要素流动通道［N］．经济日报，2016-01-11（013）．

［72］刘世锦．为产业升级和发展创造有利的金融环境［J］．上海金融，1996（4）：3-4.

［73］刘伟．经济新常态与供给侧结构性改革［J］．管理世界，2016（7）：1-9.

［74］刘霞辉．供给侧的宏观经济管理——中国视角［J］．经济学动态，2013（10）：9-19.

［75］刘新智，刘娜．长江经济带技术创新与产业结构优化协同性研究［J］．宏观经济研究，2019（10）：35-48.

［76］刘赢时，田银华，罗迎．产业结构升级、能源效率与绿色全要素生产

率［J］．财经理论与实践，2018，39（1）：118-126.

［77］刘友金，周健．"换道超车"：新时代经济高质量发展路径创新［J］．湖南科技大学学报（社会科学版），2018，21（1）：49-57.

［78］刘元春．经济制度变革还是产业结构升级——论中国经济增长的核心源泉及其未来改革的重心［J］．中国工业经济，2003（9）：5-13.

［79］刘泽．FDI对产业结构优化影响的实证检验——以山东省为例［J］．华东经济管理，2019，33（6）：24-29.

［80］刘志彪．中国语境下供给侧结构改革：核心问题和重点任务［J］．东南学术，2016（4）：28-36+246.

［81］［美］鲁迪格·多恩布什，斯坦利·费希尔．宏观经济学［M］．王志伟，译校．北京：中国人民大学出版社，1997：239.

［82］陆铭．供给与需求已错配［J］．上海国资，2016（11）：17.

［83］陆铭，欧海军．高增长与低就业：政府干预与就业弹性的经验研究［J］．世界经济，2011（12）：3-31.

［84］栾申洲．对外贸易、外商直接投资与产业结构优化［J］．工业技术经济，2018，37（1）：86-92.

［85］马忠东，吕智浩，叶孔嘉．劳动参与率与劳动力增长：1982~2050年［J］．中国人口科学，2010（1）：11-27+111.

［86］毛丰付，潘加顺．资本深化、产业结构与中国城市劳动生产率［J］．中国工业经济，2012（10）：32-44.

［87］倪红日．经济新常态下调整和优化产业结构的财税政策［J］．税务研究，2015（4）：8-12.

［88］聂爱云，陆长平．制度约束、外商投资与产业结构升级调整——基于省际面板数据的实证研究［J］．国际贸易问题，2012（2）：136-145.

［89］［奥］庞巴维克．资本实证论［M］．陈端译．北京：商务印书馆,1997.

［90］彭宇文，谭凤连，谌岚，李亚诚．城镇化对区域经济增长质量的影响［J］．经济地理，2017，37（8）：86-92.

［91］曲玥．制造业产业结构变迁的路径分析——基于劳动力成本优势和全要素生产率的测算［J］．世界经济文汇，2010（6）：66-78．

［92］曲哲涵．如何理解中国经济转向高质量发展［N］．人民日报，2017-10-31（1）．

［93］任保平．供给侧结构性改革促进中国经济增长的路径与政策转型［J］．黑龙江社会科学，2017（1）：46-51．

［94］任保平．新时代中国经济从高速增长转向高质量发展：理论阐释与实践取向［J］．学术月刊，2018，50（3）：66-74+86．

［95］任保平，付雅梅．系统性深化供给侧结构性改革的路径探讨［J］．贵州社会科学，2017（11）：105-112．

［96］任保平，李禹墨．新时代我国高质量发展评判体系的构建及其转型路径［J］．陕西师范大学学报（哲学社会科学版），2018（3）：109-110．

［97］任保平，文丰安．新时代中国高质量发展的判断标准、决定因素与实现途径［J］．改革，2018（4）：7-9．

［98］任红梅．马克思供给需求理论视角下中国供给侧结构性改革研究［D］．西北大学博士学位论文，2018．

［99］茹少峰，魏博阳，刘家旗．以效率变革为核心的我国经济高质量发展的实现路径［J］．陕西师范大学学报（哲学社会科学版），2013，47（3）：114-125．

［100］沈建光．供给侧改革与需求管理要协调推进［N］．第一财经日报，2015-11-24（A15）．

［101］沈坤荣．供给侧结构性改革是经济治理思路的重大调整［J］．南京社会科学，2016（2）：1-3．

［102］沈坤荣．以供给侧结构性改革为主线，提升经济发展质量［J］．政治经济学评论，2018，9（1）：51-55．

［103］师博．论现代化经济体系的构建对我国经济高质量发展的助推作用［J］．陕西师范大学学报（哲学社会科学版），2018，47（3）：126-132．

［104］宋凌云，王贤彬．政府补贴与产业结构变动［J］．中国工业经济，2013（4）：94-106.

［105］苏红键．动态外部性与城市经济增长——基于中国地级单位面板数据的研究［J］．北京交通大学学报（社会科学版），2012，11（3）：15-19.

［106］苏建军，徐璋勇．金融发展、产业结构升级与经济增长——理论与经验研究［J］．工业技术经济，2014，33（2）：139-149.

［107］苏永伟，张跃强，陈池波．湖北省供给侧结构性改革绩效评价［J］．统计与决策，2018，34（5）：99-102.

［108］滕泰．加强供给侧改革开启增长新周期［N］．经济参考报，2015-11-18（001）.

［109］汪芳，柯皓天．FDI促进我国产业结构升级的路径研究——基于结构方程模型［J］．北京邮电大学学报（社会科学版），2018，20（1）：66-75.

［110］汪红驹，汪川．国际经济周期错配、供给侧改革与中国经济中高速增长［J］．财贸经济，2016（2）：5-19.

［111］王军．准确把握高质量发展的六个内涵［N］．证券日报，2017-12-23（A03）.

［112］王仁祥，吴光俊．金融深化、劳力资本扭曲与产业结构升级优化［J］．金融理论与实践，2019（9）：1-8.

［113］王小鲁，樊纲，余静文．中国分省份市场化指数报告（2016）［M］．北京：社会科学文献出版社，2017.

［114］王一鸣．通过供给侧改革重塑发展动力［N］．人民日报，2015-12-28（017）.

［115］王岳平，王亚平，王云平，李淑华．产业技术升级与产业结构调整关系研究［J］．宏观经济研究，2005（5）：32-37.

［116］卫平，余奕杉．产业结构变迁对城市经济效率的影响——以中国285个城市为例［J］．城市问题，2018（11）：4-11.

［117］魏巧琴，杨大楷．对外直接投资与经济增长的关系研究［J］．数量

经济技术经济研究，2003（11）：93-97.

［118］温杰，张建华.中国产业结构变迁的资源再配置效应［J］.中国软科学，2010（6）：57-67.

［119］文东伟，冼国明，马静.FDI、产业结构变迁与中国的出口竞争力［J］.管理世界，2009（4）：96-107.

［120］吴敬琏.供给侧改革——经济转型重塑中国布局［M］.北京：中国文史出版社，2016.

［121］伍海华，张旭.经济增长·产业结构·金融发展［J］.经济理论与经济管理，2001（5）：11-16.

［122］武建新，胡建辉.环境规制、产业结构调整与绿色经济增长——基于中国省级面板数据的实证检验［J］.经济问题探索，2018（3）：7-17.

［123］郗希，乔元波，武康平.可持续发展视角下的城镇化与都市化抉择——基于国际生态足迹面板数据实证研究［J］.中国人口·资源与环境，2015（2）：47-56.

［124］夏勇，钟茂初.环境规制能促进经济增长与环境污染脱钩吗？——基于中国271个地级城市的工业SO_2排放数据的实证分析［J］.商业经济与管理，2016（11）：69-78.

［125］向国成，谌亭颖，钟世虎，王雄英，江鑫.分工、均势经济与共同富裕［J］.世界经济文汇，2017（5）：40-54.

［126］向国成，韩绍凤.分工与农业组织化演进：基于间接定价理论模型的分析［J］.经济学（季刊），2007，6（2）：513.

［127］向国成，韩绍凤.小农经济效率分工改进论［M］.北京：中国经济出版社，2007.

［128］向国成，钟世虎，谌亭颖，邓明君.分享经济的微观机理研究：新兴古典与新古典［J］.管理世界，2017（8）：170-171.

［129］谢婷婷，刘锦华.金融集聚、产业结构升级与绿色经济增长［J］.武汉金融，2019（2）：51-56.

［130］许岩. 建立完善统计指标体系助推经济高质量发展［N］. 证券时报，2017-12-28（A07）.

［131］［英］亚当·斯密. 国民财富的性质和原因的研究［M］. 郭大力，王亚南译. 北京：商务印书馆，2010.

［132］严成樑，吴应军，杨龙见. 财政支出与产业结构变迁［J］. 经济科学，2016（1）：5-16.

［133］杨三省. 推动高质量发展的内涵和路径［N］. 陕西日报，2018-05-23（11）.

［134］杨天宇，曹志楠. 中国经济增长速度放缓的原因是"结构性减速"吗？［J］. 中国人民大学学报，2015，29（4）：69-79.

［135］杨小凯. 经济学：新兴古典与新古典框架［M］. 北京：社会科学文献出版社，2003.

［136］杨振. 以供给侧结构性改革化解产能过剩［J］. 理论视野，2016（1）：11-13.

［137］余永定. "供给侧结构性改革"正本清源［J］. 新理财（政府理财），2016（6）：24-25.

［138］张晖明，丁娟. 论技术进步、技术跨越对产业结构调整的影响［J］. 复旦学报（社会科学版），2004（3）：81-85+93.

［139］张军扩. 加快形成推动高质量发展的制度环境［J］. 中国发展观察，2018（1）：5-8.

［140］张立群. 坚持稳中求进稳步迈进高质量发展新时代——2017~2018年经济形势分析与展望［J］. 中国党政干部论坛，2018（1）：56-58.

［141］张林. 中国双向FDI、金融发展与产业结构优化［J］. 世界经济研究，2016（10）：111-124+137.

［142］张林姣. 新常态下环境规制对经济增长的影响——基于2009—2013年省际面板数据［J］. 科技与管理，2015（5）：100-104.

［143］张如意，任保平. 供给侧结构改革的政治经济学逻辑［J］. 人文杂

志，2016（6）：20-25.

［144］张同斌，高铁梅．财税政策激励、高新技术产业发展与产业结构调整［J］．经济研究，2012，47（5）：58-70.

［145］张五常．中国鼓励内供远胜于鼓励内需［J］．现代审计与经济，2009（2）：28.

［146］张艳，刘亮．经济集聚与经济增长——基于中国城市数据的实证分析［J］．世界经济文汇，2007（1）：48-56.

［147］张玉喜．我国产业政策的金融支持体系研究［D］．哈尔滨工程大学博士学位论文，2006.

［148］张治栋，秦淑悦．环境规制、产业结构调整对绿色发展的空间效应——基于长江经济带城市的实证研究［J］．现代经济探讨，2018（11）：79-86.

［149］赵蕾，邵明新，边英姿．不同金融效率下FDI对于产业结构优亿的影响——基于山东省17地市面板数据的实证研究［J］．华东经济管理，2018，32（1）：12-17.

［150］赵楠．劳动力流动与产业结构调整的空间效应研究［J］．统计研究，2016，33（2）：68-74.

［151］赵新华，李晓欢．科技进步与产业结构优化升级互动关系的实证研究［J］．科技与经济，2009，22（4）：12-16.

［152］赵新宇，万宇佳．产业结构变迁与区域经济增长——基于东北地区1994—2015年城市数据的实证研究［J］．求是学刊，2018，45（6）：61-69.

［153］钟世虎，陈杰，向国成，唐娟．财税政策、工农业分工与农业生产率——理论分析与经验证据［J］．农业技术经济，2020（2）：4-20.

［154］周东明．财政分权与地区经济增长——基于中国省级面板数据的实证分析［J］．中南财经政法大学学报，2012（4）：30-35.

［155］周密，朱俊丰，郭佳宏．供给侧结构性改革的实施条件与动力机制研究［J］．管理世界，2018，34（3）：11-26+37.

［156］周叔莲，王伟光．科技创新与产业结构优化升级［J］．管理世界，

2001（5）：70-78+89-216.

[157] 朱有志，向国成. 中国农地制度变迁的历史启示 [J] . 中国农村经济，1977（8）：20-23.

[158] Akbar Y H, Bride J M. Multinational Enterprise Strategy, Foreign Direct Investment and Economic Development: The Case of the Hungarian Banking Industry [J] . Journal of World Business, 2004, 39（1）：89-105.

[159] Assane D, Grammy A. Institutional Framework and Economic Development: International Evidence [J] . Applied Economics, 2003, 35（17）：1811-1817.

[160] Belsky E S. Planning for Inclusive and Sustainable Urban Development [M] . England: Island Press, 2012.

[161] Binh K B, Park S Y, Shin B S. Financial Structure Does Matter for Industrial Growth: Direct Evidence from OECD Countries [C] . Available at SSRN 891044, 2006.

[162] Bonfiglioli A. Financial Integration, Productivity and Capital Accumulation [J] . Journal of International Economics, 2009, 76（2）：337-355.

[163] Borland J, Yang X. Specialization and a New Approach to Economic Organization and Growth [J] . American Economic Review, 1992, 82（2）：386-391.

[164] Brülhart M, Sbergami F. Agglomeration and Growth: Empirical Evidence [J] . Journal of Urban Economics, 2008, 65（1）：48-63.

[165] Bugliarello G. Urban Sustainability: Dilemmas, Challenges and Paradigms [J] . Technology in Society, 2006, 28（1）：19-26.

[166] Chenery H B, Strout A M. Foreign Assistance and Economic Development [J] . American Economic Review, 1966, 56（4）：912-916.

[167] Chintrakarn P. Environmental Regulation and U. S. States Technical Inefficiency [J] . Economics Letters, 2008, 100（3）：363-365.

[168] Coase R H. The Nature of Firm [J] . Economica, 1937, 4（16）：386-405.

［169］ Corrado C A, Hulten C R. How Do You Measure a "Technological Revolution"? ［J］. The American Economic Review, 2010, 100 (2): 99-104.

［170］ Denzer R, Torres B F, Hell T, et al. An Environmental Decision Support System for Water Issues in the Oil Industry ［J］. IFIP Advances in Information & Communication Technology, 2011, 359 (5): 208-216.

［171］ Dissart J C. Regional Economic Diversity and Regional Economic Stability: Research Results and Agenda ［J］. International Regional Science Review, 2003, 26 (4): 423-446.

［172］ Dunning J H. Explaining the International Direct Investment Position of Countries: Towards a Dynamic or Developmental Approach ［M］ // International Capital Movements. London: Palgrave Macmillan, 1982: 84-121.

［173］ Feldman M P, Kelley M R. The Ex Ante Assessment of Knowledge Spillovers: Government R&D Policy, Economic Incentives and Private Firm Behavior ［J］. Research Policy, 2006, 35 (10): 1509-1521.

［174］ Fisman R, Love I. Trade Credit, Financial Intermediary Development, and Industry Growth ［J］. Journal of Finance, 2003, 58 (1): 353-374.

［175］ Gilbert J, Oladi R. Capital Specificity, Imperfect Labor Mobility and Growth Indeveloping Economies ［J］. International Review of Economics and Finance, 2009, 18 (1): 113-122.

［176］ Goldsmith P G. Financial Structure and Development ［M］. New Haven: Yale University Press, 1969.

［177］ Graham E M. Foreign Driect Investment in China: Effect on Growth and Economic Performance, Experience of Transitional Economies in East Asia ［M］. New York: Oxford University Press, 2001.

［178］ Grossman G M, Helpman E. Innovation and Growth in the GlobalEconomy ［M］. Cambridge MA: MIT Press, 1993.

［179］ Hall E T. The Silent Langue ［M］. New York: Doubleday, 1959.

［180］Hamberg D. Essays on the Economics of Research and Development ［M］. New York: Random House, 1966.

［181］Hansen B E. Threshold Effects in Non-dynamic Panels: Estimation, Testing, and Inference ［J］. Journal of Econometrics, 1999, 93 （2）: 345-368.

［182］Hirschman A O. Against Parsimony: Three Easy Ways of Complicating Some Categories of Economic Discourse ［J］. Bulletin of the American Academy of arts and Sciences, 1984, 37 （8）: 11-28.

［183］Hsuan P H, Tian X, Xu Y. Financial Development and Innovation: Cross-Country Evidence ［J］. Social Science Electronic Publishing Journal of Financial Economics, 2014, 112 （1）: 116-135.

［184］Jin B, Li G. Green Economic Growth from a Developmental Perspective ［J］. China Finance and Economic Review, 2013, 1 （1）: 1-7.

［185］Jorgenson D W, Ho M S, Stiroh K J. A Retrospective Look at the U. S. Productivity Growth Resurgence ［J］. Journal of Economic Perspectives, 2008, 22 （1）: 3-24.

［186］Jorgenson D W, Wilcoxen P J. Environmental Regulation and U. S. Economic Growth ［J］. The Rand Journal of Economics, 1990, 21 （2）: 314-340.

［187］Kaplinsky R, Readman J. Globalization and Upgrading: What can （and cannot） be Learnt from International Trade Statistics in the Wood Furniture Sector? ［J］. Industrial & Corporate Change, 2005 （4）: 679-703.

［188］Krugman P. Where in the World is the "New Economic Geography" ［J］. The Oxford Handbook of Economic Geography, 2000 （23）: 49-60.

［189］Li B. The Inspiration of the Equator Principles to Commercial Banks in China for the Fulfillment of Its Social Responsibility ［C］ 2010 International Conference on E-Product E-Service and E-Entertainment. IEEE, 2010: 1-4.

［190］Lucchese M. Innovation, Demand and Structural Change in Europe ［C］. NBER Working Papers, 2011.

［191］ Markusen J R, Anthony J. Venables. Foreign Direct Investment as a Catalyst for Industrial Development ［J］. European Economic Review, 1999, 43 （2）: 335-356.

［192］ Marshall A. Principles of Economics ［M］. London: Macmillanand Co., Ltd., 1920.

［193］ Martinez M M, Mlachila M M. The Quality of the Recent High-growth Episode in Sub-Saharan Africa ［C］. International Monetary Fund Working Papers, 2013.

［194］ Mlachila M, Tapsoba R, Tapsoba S J A. A Quality of Growth Index for Developing Countries: A Proposal ［J］. Springer Netherlands, 2017, 2 （134）:676.

［195］ North D, Thomas R. An Economic Theory of the Growth of the West World ［J］. The Economic Review, 1970 （23）: 1-17.

［196］ Olga K, Grzegorz P. Sectoral and Macroeconomic Impacts of the Large Combustion Plants in Poland: A General Equilibrium Analysis ［J］. Energy Economics, 2006, 28 （3）: 288-307.

［197］ Ooi G L. Challenges of Sustainability for Asian Urbanisation ［J］. Current Opinion in Environmental Sustainability, 2009, 1 （2）: 187-191.

［198］ Peneder M. Industrial Structure and Aggregate Growth ［J］. Structural Change & Economic Dynamics, 2003, 14 （4）: 427-448.

［199］ Pennock A. The Political Economy of Domestic Labor Mobility: Specific Factors, Landowners and Education ［J］. Economics & Politics, 2014, 26 （1）: 38.

［200］ Porter M E. America's Green Strategy ［J］. Scientific American, 1991, 264 （4）: 168.

［201］ Porter M E. Clusters and the New Economics of Competition ［J］. Harvard Business Review, 1998, 76 （6）: 77-90.

［202］ Pradhan R P, Arvin M B, Norman N R. The Dynamics of Information and Communications Technologies Infrastructure, Economic Growth, and Financial Development: Evidence from Asian Countries ［J］. Technology in Society, 2015, 42 （8）:

135-149.

[203] Qian Y, Weingast B R. Federalism as a Commitment to Perserving Market Incentives [J] . Journal of Economic Perspectives, 1997, 11 (4): 83-92.

[204] Rosenthal S S, Strange W C. Geography, Industrial Organization, and Agglomeration [J] . Review of Economics and Statistics, 2003, 85 (2): 377-393.

[205] Ruwan J, Quentin W. Measuring and Explaining the Impact of Productive Efficiency on Economic Development [J] . The World Bank Economic Review, 2005 (19): 121-140.

[206] Seabright P. Accountability and Decentralisation in Government: An Incomplete Contracts Model [J] . European Economic Review, 1996, 40 (1): 61-89.

[207] Sengupta J. Theory of Innovation: A New Paradigm of Growth [J] . Switerland: Springer International Publishing, 2014.

[208] Shimada K, Tanaka Y, Gomi K, et al. Developing a Long-term Local Society Design Methodology Towards a Low-carbon Economy: An Application to Shiga Prefecture in Japan [J] . Energy Policy, 2007, 35 (9): 4688-4703.

[209] Stefano F, Gaetano A M. Outward FDI and Local Employment Growth in Italy [J] . Review of World Economics, 2008, 144 (2): 295-324.

[210] Stevens G V G, Lipsey R E. . Interactions between Domestic and Foreign Investment [J] . Journal of International Money and Finance, 1992 (11): 40-62.

[211] Stigler G. The Successes and Failures of Professor Smith [J] . Journal of Political Economy, 1976 (84): 1199-1213.

[212] Stoneman P. The Economic Analysis of Technological Change [M] . New York: Oxford University Press, 1983: 150-159.

[213] Sun G Z, Yang X, Zhou L. General Equilibria in Large Economies with Endogenous Structure of Division of Labor [J] . Journal of Economic Behavior and Organization, 2004 (2): 237-256.

[214] [印] 维诺德·托马斯. 增长的质量 [M] . 张绘, 唐仲, 林渊译.

北京：中国财政经济出版社，2001.

［215］Tony A. "Universal Opulence"：Adam Smith on Technical Progress and Real Wages ［J］. The European Journal of the History of Economic Thought，2010，17（5）：1169-1182.

［216］Varum C A，Bruno C，Morgado A，et al. R&D，Structural Change and Productivity：The Role of High and Medium-high Technology Industries ［J］. Economics Aplicada，2009，13（4）：399-424.

［217］Wen M. Division of Labor in Economic Development ［D］. PhD Dissertation，Department of Economics，Monash University，1998.

［218］Wood J. Synergy City：Planning for a High Density，Super-symbiotic Society ［J］. Landscape and Urban Planning，2007，83（1）：77-83.

［219］Yang Xiaokai，Ng Yew-Kwang. Specialization and Economic Organization：A New Classical Microeconomic Framework ［M］. Amsterdam and New York：North-Holland，1993.

［220］Yang X，Shi H. Specialization and Product Diversity ［J］. The American Economic Review，1992，82（2）：392-398.

［221］Young A A. Increasing Returns and Economic Progress ［J］. The Economic Journal，1928，38（152）：527-542.

［222］Zhao Q，Niu M Y. Influence Analysis of FDI on China's Industrial Structure Optimization ［J］. Procedia Computer Science，2013（17）：1015-1022.

［223］Zhou D，Li S，Tse D K. The Impact of FDI on the Productivity of Domestic Firms：The Case of China ［J］. International Business Review，2002，11（4）：465-484.

［224］Zhuravskaya E V. Incentives to Provide Local Public Goods：Fiscal Federalism，Russian Style ［J］. Journal of Public Economics，2000，75（3）：337-368.

后　记

习近平总书记指出，"我国经济已由高速增长阶段转向高质量发展阶段。现阶段，我国正处在转变发展方式、优化经济结构、转换增长动力的攻关期；必须坚持质量第一、效益优先，以供给侧结构性改革为主线，推动经济发展质量变革、效率变革、动力变革，提高全要素生产率"。过去依靠资本、劳动等生产要素投入的粗放型经济发展模式难以成为经济结构转换的动力，因此，对于西部地区来说，亟须推进经济高质量发展与供给侧结构性改革，通过优化产业结构、提高资源配置效率、完善体制机制变革来提升经济增长的质量。同时，做到"三去一降一补"的调整重塑，其结果必然会带来西部地区资本、资源、产业布局的竞争性博弈，西部地区为争取更有利的分工地位，纷纷放眼于结构性调整上，因此，对于中国西部地区来说打造全国竞争新优势的关键就在于供给侧结构性改革。

立足于党中央对新时代我国历史发展阶段的科学定位、经济发展进入全面转型攻坚期大背景，系统总结和梳理我国西部地区经济发展与供给侧结构性改革协调发展研究成果和经验，进一步明确经济高质量发展与供给侧结构性改革的内涵目标、理论体系和实现路径等就显得尤为重要。基于"十四五"规划引领经济高质量发展的大背景，以西部地区供给侧结构性改革发展为切入点，结合中国西部经济发展的现状及其产业结构的演变，参照分工经济学和超边际经济学理论，基于经济高质量发展和供给侧结构性改革的四个基本问题"生产多少、生产什么、怎样生产、为谁生产",从劳动专业化、专业多样化、生产迂回化和经济组织化四个视角厘清分工视阈下经济高质量发展和供给侧结构性改革的内在机理。

全书的撰写过程经历了高低起伏,酸甜苦辣,心里却是满满的感恩。从选题开始,提出了从分工的四个方面即专业多样化、劳动专业化、生产迂回化和经济组织化研究供给侧结构性改革,具有独特的创新性,从理论构思、模型构建、实证分析到政策建议,每一个环节都凝聚着笔者的心血和辛勤汗水。

因此,本书首先基于跨学科理论,从供给侧结构性改革和经济高质量发展的角度提出衡量西部地区在中国乃至世界价值链分工中四个方面的"专业多样化、劳动专业化、生产迂回化和经济组织化"的理论与方法;其次,基于分工经济学和超边际经济学,构建中国西部地区分工视阈下供给侧结构性改革的理论模型和方法论体系;最后,因为整个经济高质量发展和绿色发展耦合协调机制是一个复杂而庞大的课题,所以本书基于分工理论和超边际经济学理论,引入分工潜力来对中国西部地区经济高质量发展与供给侧结构性改革进行探讨。

谌亭颖

2022 年 3 月 30 日